INTRODUCTION

AU

LIVRE ROUGE DE LA VINTAINE

D'ARRAS

PAR

A. GUESNON

PARIS

IMPRIMERIE NATIONALE

M DCCC XCVIII

INTRODUCTION

AU

LIVRE ROUGE DE LA VINTAINE

D'ARRAS

INTRODUCTION

AU

LIVRE ROUGE DE LA VINTAINE

D'ARRAS

PAR

A. GUESNON

PARIS

IMPRIMERIE NATIONALE

M DCCC XCVIII

INTRODUCTION

AU

LIVRE ROUGE DE LA VINTAINE

D'ARRAS.

Le *Livre rouge de la Vintaine* est un recueil inédit de règlements sur les manufactures de draps de laine, de sayettes et de tapisseries d'Arras au moyen âge, que des additions successives, mais non continues, ont prolongé jusqu'à la dernière période du XVIIIe siècle.

Le manuscrit, conservé aux archives de la Ville, sera décrit plus loin et prochainement publié.

Cette communication a pour objet de le faire connaître, en insistant de préférence sur les questions d'origine qui s'y rattachent.

La première nous reporte au temps des Romains; elle paraît donc sortir du cadre tracé à notre examen par la nature même du document. Mais, d'autre part, ce serait enlever, pour ainsi dire, une de ses pièces honorables au blason de l'ancienne capitale des Flandres, si, contrairement à un usage consacré par tous ses historiens[1], l'on passait ici sous silence ses premiers titres de noblesse industrielle.

(1) 1° Ferreoli Locrii, *Chronicon Belgicum.* Arras, 1616; in-4°, p. 7.

2° Deslyons (le baron), *Mémoires pour servir à l'Histoire de la province d'Artois jusqu'à l'établissement de la Monarchie françoise dans les Gaules.* Amsterdam, 1778; in-8°, p. 61.

3° D. Devienne, *Histoire d'Artois.* Cinq parties en 2 vol. in-8°, s. l., 1784-1787. 1re partie, p. 42-43.

4° Hennebert, *Histoire gén. de la province d'Artois.* Saint-Omer, 3 vol. in-8°, 1786-1789, t. I, p. 214.

5° Harbaville, *Mémorial hist. et archéol. du Pas-de-Calais*, Arras, 2 vol. in-8° 1842, t. I, p. 37.

Qu'il me soit donc permis dans cette lecture de les rappeler une fois de plus; je le ferai sommairement.

I

Deux écrivains de l'*Histoire Auguste*, Trebellius Pollio et Flavius Vopiscus, attestent qu'au IIIe siècle de l'ère chrétienne, les Romains étaient tributaires des manufactures atrébates : l'Italie importait leurs *saga*, Rome recherchait leurs *birri*; et, cent ans plus tard, on voit, dans saint Jérôme, leurs tissus mentionnés de pair avec les somptueuses étoffes de Phrygie.

Comme document complémentaire, nos historiens n'ont eu garde d'oublier le témoignage de Suidas. Notons cependant qu'il doit être rajeuni de dix siècles : en le faisant contemporain de la conquête des Gaules, on a trop visiblement cédé à la tentation de reporter au delà de l'époque historique le mystère généalogique d'une origine inexpliquée[1].

6° Dinaux (Arthur), *Les Trouvères artésiens*. Paris, in-8°, 1843, p. 2-3.

7° Paris (Paulin), Art. *Arras* dans Guilbert (Aristide), *Hist. des villes de France*, 8 vol. in-8°, 1844-1849, t. III, p. 313.

8° Héricourt (Achmet d'), *Les sièges d'Arras*. Paris, in-8°, 1845, p. 18.

9° Héricourt (Achmet d') et Godin (Alex.), *Les Rues d'Arras*, 2 tomes en 1 vol. in-8°. Arras, 1856, t. I, p. 6-7.

10° Proyart (l'abbé), *Recherches hist. sur les anciennes tapisseries d'Arras*, dans les *Mémoires de l'Académie d'Arras*, 1863, t. XXXV, p. 146-147.

11° Van Drival (l'abbé), *Les Tapisseries d'Arras*. Arras, 1864, in-8°, p. 19-27.

12° Parenty (Auguste), *Étude sur l'industrie et le commerce de la ville d'Arras*, dans l'*Annuaire administratif du Pas-de-Calais*, Arras, 1867; in-8°, t. XVI, p. 351-352.

13° Lecesne (Edmond), notice *Arras*, dans le *Dictionnaire hist. et archéol. du Pas-de-Calais*; in-8°, 1873, t. I, p. 23.

14° Le Gentil (Constant), *Le Vieil Arras*. Arras, 1877; in-8°, p. 527-530.

15° Terninck (Auguste), *Arras*. Arras, 1879, in-4°, p. 21.

16° Lecesne (Edmond), *Histoire d'Arras*. Arras, 1880; 2 vol. in-8°, t. I, p. 18-19.

17° Boutry (Jules), *Arras, son histoire et ses monuments*. Arras, 1890; in-8°, p. 8.

[1] Voici ces textes, d'après les travaux les plus récents de la critique :

1° «Perdita Gallia risisse ac dixisse perhibetur [Gallienus] : «Num Atrabaticis sagis tuta res p. est?» — Trebellii Pollionis *Gallieni duo*, in *Scriptor. Historiæ Augustæ*, ed. Hermann Peter. Lipsiæ, 1884, XXIII, 6, 6.

Au lieu de *Atrabaticis* des deux plus anciens manuscrits (l'un du IXe, l'autre du Xe ou XIe siècle) l'édition princeps de Milan (1475) imprime, d'après une autre

Quelles que soient d'ailleurs les exagérations du patriotisme de clocher, malgré sa tendance habituelle à voir toute la Gaule dans les Atrébates, et à ne comprendre par Atrébates que les seuls habitants du chef-lieu de la cité; malgré l'incertitude de telle et telle leçon et l'erreur de certaines interprétations systématiques, la portée

source, *trabeatis*, leçon adoptée par Casaubon sous l'influence de Suidas, mais rejetée par Saumaise.

2° «Donatum est Græcis artificibus, et gymnicis, et histrionibus et musicis aurum et argentum; donata est vestis serica..... Jam quid lineas petitas Ægypto loquar?..... Donati sunt ab Atrabatis birri petiti, donati birri Canusini, Africani, opes in scena non prius visæ.» — Flavii Vopisci *Carinus*, Ibid., XXX, 20, 6.

La correction *Atrabatis*, au lieu de *Atrabaticis* donné par les diverses éditions, est justifiée par les anciens manuscrits précités. Saumaise, qui avait imprimé la leçon courante, corrigea son texte dans la note que voici : «Vopiscus in Carino *birros ab Atrabatis petitos* memorat, nam ita legendum.» — Cl. Salmasii *Hist. Aug. Script.*, Paris, 1620; in-fol., p. 178, 281.

D'après le contexte, le sens de la phrase ne peut être douteux : Des Romains prodigues donnaient à des acteurs de riches vêtements, qu'on allait chercher en Égypte, en Afrique, jusque chez les Atrébates.

Ferry de Locre n'a pas compris; il a fai des Atrébates ces donateurs prodigues : *Donati sunt ab Atrabatis birri*, au lieu de *birri ab Atrabatis petiti* (*op. cit.*, p. 7).

L'abbé Van Drival, copiant ses devanciers, s'est naturellement approprié l'erreur, mais il est allé plus loin. Après avoir cité «le don de ces *birri* fait *par les Gaulois d'Arras* à des comédiens», il ne craint pas d'altérer ainsi le texte de Vopiscus pour l'adapter à son contresens : «Donati sunt ab Attrebat*ensibus* birri *pretiosi*.» Puis il ajoute avec aplomb : «Ce texte est ordinairement cité d'une manière très fautive» ! (*Op. cit.* p. 19.)

3° Tunc [im]pexa tunica et nigra subucula vestiebaris..... Nunc lineis et sericis vestibus et Atrebatum ac Laodiceæ indumentis ornatus incedis. — Hieronym. contra *Jovin.* lib. II, *ap.* Migne *Patrol. lat.*, t. XXIII, col. 315.

Ici encore il est question de vêtements de luxe fabriqués chez les Atrébates, sans doute ces mêmes *birri* mentionnés dans Vopiscus. Cependant, si l'on en croit James Yates, c'est de tissus de lin qu'il s'agirait. Le savant anglais traduit *indumentis* par «shirts», en faisant observer que ce mot est opposé dans la phrase à *subucula*, et doit désigner, comme l'autre, le vêtement de dessous, la chemise de lin. Saumaise (*De pallio*, p. 410) dit, en effet : «Tunica lanea erat, subucula linea.» — James Yates *Textrinum antiquorum, An account of the Art of Weaving among the ancients.* London, 1843, in-8°, p. 34, 221, 285.

4° Ἀτραβατικάς — Ἐν ταῖς ἑορταῖς καὶ τοῖς ἐπινικίοις, καὶ παρόντων πρεσβέων, ἐνεδύοντο χιτῶνας καὶ χλαμύδας ποικίλας, ἀπὸ χρυσοῦ καὶ πορφύρας καὶ ἄλλως πως πολυτελεῖς· ἐν δὲ ταῖς κοιναῖς συνόδοις ξηραμπελίνας τὸ χρῶμα ἃς ἐκάλουν Ἀτραβατικὰς ἀπὸ τοῦ χρώματος. τὸ γὰρ μέλαν ἄτρον καλοῦσιν. ἢ ὅτι μετὰ τραβαίας ταύταις εἰώθησαν χρῆσθαι. τραβαῖαι δὲ λέγονται αἱ πολυτελεῖς χλαμύδες.

Atrabaticas. — In diebus festis et triumphis, præsentibus legatis, induebant chlamydes auro et purpura variegatas, vel alio ornatu insignes; in vulgaribus an-

générale des témoignages invoqués n'en est pas moins incontestable : leur autorité résulte d'une impression d'ensemble.

Quant à savoir ce que furent exactement nos *saga Atrebatica* et nos *birri*, c'est-à-dire ce qui différenciait ceux-là des *saga* fabriqués ailleurs par toute la Gaule, même en Espagne, et en quoi ceux-ci se distinguaient des produits similaires de Canosa, de Tarente et d'Afrique, c'est un problème dont la solution technique échappera toujours aux vagues données des textes que nous possédons, ainsi qu'aux spéculations plus ou moins hasardées des étymologistes[1].

tem conventibus xerampelino colore tinctas, quas vocabant Atrabaticas ; aut quia nigrum appellabant *atrum*, aut quod illis una cum trabeis uti solebant : chlamydes enim pretiosæ appellantur *trabeæ*. — *Suidæ Lexicon*, ed. God. Bernhardy, in-4°, 1853, t. I, col. 843.

La première partie de cette phrase est une citation dont Suidas n'indique ni l'auteur ni le pays auquel elle se rapporte. La seconde, depuis *ἀπὸ τοῦ χρώματος*, est une glose sur Ἀτραβατικάς, que le scholiaste n'a pas compris ; il cherche à l'expliquer par les fausses étymologies *atrum* et *τραβεῖαι*, *trabeæ*.

(1) Le *sagum* ou *sagus*, manteau militaire emprunté aux Gaulois par les Romains, nous est connu par de nombreux textes et des représentations figurées. Voir Montfaucon, *L'Antiq. expliquée*, t. III, p. 31, 46, 83, 84, 91, t. IV, p. 36.

Mais on ne sait si l'épithète *Atrebatica* impliquait une différence technique locale, et laquelle, ou bien si elle n'était qu'une simple désignation de provenance régionale, sans caractère spécifique.

Sous les noms de *birri* et de *chlamydes* des textes ci-dessus, on comprenait toutes sortes de variétés de la *lacerna*, casaque ou pardessus à capuchon, qui se portait au-dessus de la toge ou de la tunique. *Ibid.*, t. III, p. 8, 25.

« Birrum et lacernam et chlamyden eamdem esse vestem, solo nomine diversam..... », dit Saumaise ; et il ajoute : « Byrrus, coloris ut plurimum byrri, hoc est russei, unde illi nomen. Nam *burrum* et *byrrum* Latini dixere quod Græci *πυῤῥόν*. Sed et cujuslibet coloris lacernas byrros etiam *καταχρηστικῶς* appellabant. » — Cl. Salmasii *in Tertull. libr. de Pallio Notæ*, p. 79, 80.

C'est ainsi que, toujours par catachrèse, le nom du vêtement passa à son capuchon, lequel s'appela *birretum*, d'où le « béret », la « barette », etc. *Ibid.*

D'après la citation de Suidas, ce qui caractérisait les *birri Atrebatici*, ce serait leur couleur de feuille de vigne sèche, *ξηραμπελίνου*, nuance rouge foncé, entre l'écarlate et le violet : « inter coccinum et muricem », dit le scholiaste, ou, selon Ferrari, « rufus ex flavo et fusco temperatus ». — Oct. Ferrarius *De re vestiaria*, Paris t. II, p. 57, 58.

Non pas qu'il s'ensuive que « leur couleur provenait d'un mélange de *murex*, de *coccinum* ou cochenille obtenu du *coccum* et d'une herbe appelée *acinas* », comme le dit l'*Hist. d'Arras* (t. I, p. 19). Où les teinturiers d'Arras auraient-ils pris ces ingrédients ? Ce renseignement, d'ailleurs suspect quant à *acinus* « herbe » (sans doute confondu avec *acinus* « grain », *acinus cocci* « graine du coccus » ou « cochenille ») ne peut évidemment concerner que la pourpre italienne.

C'est aux plantes tinctoriales seules que les Gaulois transalpins empruntaient

Ces textes — il y en a quatre, pas davantage[1] — Henri Estienne et Du Cange, Casaubon et Saumaise, Octave Ferrari, dans son *De re vestiaria*, les avaient depuis longtemps signalés, discutés, annotés, on sait avec quelle compétence, lorsque, vers le milieu du siècle dernier, un membre de l'Académie d'Arras, l'avocat Camp, échevin député à la cour par les États de la province, publia, sur les anciennes manufactures de cette ville, un mémoire devenu rare, où il rassembla les doctes commentaires des princes de la critique, et les mit en œuvre à l'appui de sa thèse sur l'ancienneté de la culture de la garance en Artois[2].

alors cette couleur, ainsi que les autres : «Transalpina Gallia herbis Tyrium atque conchylium tingit, omnesque alios colores.» — Pline, *Hist. nat.*, XXII, 3.

Cependant il est inexact de dire avec Aug. Parenty (*op. cit.*, 12°, p. 352) que sous Auguste «la teinture rouge se tirait essentiellement des Gaules». Strabon n'affirme rien de semblable. Pline nous dit, au contraire, que la garance cultivée en Italie était la plus estimée, et qu'on l'employait à la teinture des laines et des cuirs. — *Hist. nat.*, XIX, 17, 1 ; XXIV, 56, 1.

Ajoutons enfin que le «turbato simillina *mulso*» (et non *musto*) emprunté à Martial (XIV *Ep.*, CXXXII), et inexactement répété, se rapporte à une étoffe brune de Canusium, «Canusinæ fuscæ», qui n'a rien à voir avec les produits atrébates.

(1) Les références de nos historiens en signalent deux autres. D'abord une lettre de saint Jérôme à Agérucie (Migne, *Patr. lat.*, t. XXII, col. 1057). Là on trouve, en effet, dans une longue énumération des villes saccagées par les barbares, le nom moderne d'Arras *Attrebatæ*, selon la remarque de P. Paris (*op. cit.*, 7°, p. 2), mais rien de ses manufactures, comme le croit E. Lecesne, *op. cit.*, 13°, p. 2.

Il en est de même d'Aurelius Victor. Dom Devienne (*op. cit.*, 3° I, p. 43), le confond avec Trebellius Pollio ; de là, sans doute, la même erreur dans A. Dinaux (*op. cit.*, p. 3). Le baron Deslyons, de son côté, le cite, avec d'autres témoins, à l'appui de cette opinion étrangement paradoxale, que le *birrus canusinus* se fabriquait dans le pays des Atrébates. — Deslyons, *op. cit.* 2° p. 61.

Cet appel en garantie n'a d'autre fondement que les deux passages d'Aurélius Victor relatifs à la *caracalle*, capote militaire gauloise, sorte de blouse adoptée par le fils de Septime Sevère et transformée par lui en tunique longue à l'usage des Romains : d'où son surnom de Caracalla. — *De Cæsar.*, XXI. *Épit.*, XXI.

Or, en dehors de ce renseignement, on chercherait en vain dans le texte un rapport quelconque entre la *caracalle* et les Atrébates. Ce rapprochement forcé résulte d'inductions spécieuses, et contestables, que le P. Lucas développa en 1760, non sans quelque érudition, dans un mémoire lu à l'Académie d'Arras, dont il était associé honoraire. On en trouve une analyse dans les *Mém. de l'Acad. d'Arras*, t. XXXV, p. 468, ann. 1863.

(2) *Notes historiques sur l'origine et l'ancien usage de la plante de Garance en Artois*, par M***, de la Société littéraire d'Arras, lues à la séance publique du 25 mars 1758 ; in-4°, 40 pages. S. l. n. d.

La première partie de ce mémoire avait été lue à la séance du 30 mars 1754.

C'est à cette source d'érudition que notre histoire locale a puisé, s'inspirant largement des textes et des gloses réunis pour la première fois dans un travail d'ensemble sur la matière, travail auquel elle ne pouvait sans péril ajouter quelque chose — sauf des guillemets, qu'on devrait toujours voir en marge de certaines adaptations [1].

En résumé, les *saga Atrebatica* de l'*Histoire Auguste* sont la plus ancienne trace que l'on connaisse de nos «saies» ou «sayettes», de même que les *birri ab Atrabatis* [2] *petiti*, rappelées sous une autre forme par Suidas, offrent la première mention de nos «bures» ou «burats», dont le nom désignait alors les étoffes de luxe dont parle saint Jérôme.

Il est vraisemblable que la fabrication industrielle de nos tissus indigènes remontait beaucoup plus haut. Dès avant l'ère chrétienne, tout le Nord de la Gaule nous est donné par Strabon comme un pays producteur de grosses laines que le tissage transformait en «saies» communes ou sayons [3].

Le géographe semble cependant attribuer une qualité de finesse supérieure à certaines toisons des parties les plus septentrionales,

Les développements que son auteur y ajouta lui furent suggérés par la lecture de la publication suivante :

Mémoires sur la Garance et sa culture, avec la description des étuves pour la dessécher et des moulins pour la pulvériser, par M. Duhamel du Monceau, de l'Académie royale des Sciences, etc. Paris, Impr. royale, M. DCC. LVII; 8 in 4°, 80 pages et 8 planches.

(1) Conf. Camp, *Notes hist.*, p. 2 à 6, 9, 10, et Van Drival, *op cit.* 11°, pages 19, 20, 21, 24, 25. extraites presque littéralement du mémoire qui précède, et dont l'auteur n'est cité pour la première fois qu'à la page 26.

(2) Peut-être pourrait-on voir ici, dans *Atrabatis*, la plus ancienne mention d'Arras sous son nom moderne, vers l'an 300. La *Notitia dignitatum Imp.* la désigne sous cette même forme vers l'an 400 : «Præfectus Lætorum Batavorum Nemetacensium», *Atrebatis* Belgicæ Secundæ». Un peu plus tard, saint Jérôme la nomme *Attrebatæ* (voir ci-dessus p. 9 n. 1). A de Belfort, *Descr. des monnaies mérov.* décrit, au n° 430, une monnaie présentant un buste diadémé avec la légende ATRЕBATIS; à l'avers AVDEBAVDES, avec une croix grecque (V. Hermand *Hist. mon. d'Artois*, 1845, p. 473; Serrure *Rev. num.* 1886, p. 38.) Sur les locatifs en *is* des noms de peuples devenus noms de villes, voir E. Prou, *Catalogue des monnaies mérovingiennes*, Introd. p. LXVI.

La question de savoir à quelle date remonte le nom actuel de l'ancien Nemetacum, est ainsi tranchée par un de nos historiens : «Jules César, mort plus de 46 ans (*sic*) avant la naissance de Jésus-Christ, en parle dans ses commentaires et l'appelle *Atrebatum* (!) nom qui lui est resté. *Comment.* l. 4.» — Ad. de Cardevacque, *Hist. de l'Admin. munic. de la ville d'Arras*, in-8°, 1879, p. 2.

(3) Ἡ δ'ἐρέα τραχεῖα μὲν ἀκρόμαλλος δέ, ἀφ' ἧς τοὺς δασεῖς σάγους ἐξυφαίνου-

sans doute les Morins et les Ménapiens, tribus limitrophes des Atrébates. Chez eux, en effet, l'élevage rencontrait les conditions les plus favorables dans la nature du sol, surtout vers les pâtures du littoral, qui ne cessèrent depuis d'alimenter de nombreux troupeaux.

Ce n'est donc pas sans raison que, donnant une interprétation pieuse à un phénomène météorologique enregistré par les continuateurs de la Chronique d'Eusèbe, Arras verra plus tard dans cette laine tombée du ciel une manne miraculeuse providentiellement secourable à la misère des temps [1].

La laine devint en effet pour cette ville et pour toute la région

σιν οὓς λαίνας καλοῦσιν. Οἱ μέντοι Ῥωμαῖοι καὶ ἐν τοῖς προσβορροτάτοις ὑποδιφθέρους τρέφουσι ποίμνας ἱκανῶς ἀστειάς ἐρεας. — St.abonis *Geographica*, édit. Aug. Meineke, 1877. Δ. 4. 3, p. 268.

Ce passage, si important pour notre sujet, a malheureusement souffert dans la transmission. Ἀκρόμαλλος offre déjà quelque obscurité. *Οἱ μέντοι Ῥωμαῖοι* ne se comprend guère dans le contexte. On a proposé de le rattacher à la phrase précédente. D'aucuns pensent qu'il pourrait bien avoir usurpé la place de quelque nom mal lu, celui d'une des tribus du Nord, par exemple les *Morins* au lieu des *Romains*. Ὑποδιφθέρους n'est pas non plus sans difficulté. Voir ces mots dans H. Estienne, *Thes. gr. ling.*

[1] Pline (*Hist. nat.*, t. II, p. 57) mentionne déjà une de ces pluies de laine. Celle qui a donné naissance à la Sainte-Manne d'Arras est ainsi relatée par le continuateur anonyme de la Chronique d'Eusèbe, reproduite par Paul Orose, Cassiodore, Paul d'Aquilée, etc. : «*Apud Atrebatas lana e cælo pluviæ mixta defluxit.*» (Migne *Patr. lat.*, t. XXVII, col. 695.)

Dom Devienne se montre absolument sceptique à l'endroit de la Manne, inventée, d'après lui, en 1285 (*op. cit.*, 1re part., p. 44 et 2e part., p. 152). Son contemporain Deslyons, *al.* Des Lyons (le baron), de l'Académie d'Arras, conteste la signification miraculeuse attribuée à la chronique; il ajoute même assez crûment «qu'on en fait accroire aux habitans d'Arras.» (*Op. cit.*, p. 82.)

Il est certain que la cause finale du miracle imaginée après coup — sécheresse et stérilité du sol — s'accorde mal avec la tradition, constatée par l'évêque Gérard dans sa lettre à l'abbé de Saint-Vaast Leduin, de 1020 environ, à savoir, que cette pluie tomba, non pas au printemps comme on veut le dire, mais vers l'avent, et qu'elle consistait en deux viaures ou toisons de laine blanche, signe de la miséricorde céleste : «Ante adventum Domini ob signum misericordiæ alba vellera duo leguntur cecidisse.» — (Le Glay, *Chron. de Balderic* l. III. xxvii, p. 287.)

Contrairement à l'opinion hasardée de Dom Devienne, récemment reproduite, il paraît vraisemblable de rapporter l'origine de la Manne à cette date, celle de l'incendie de la cathédrale et de sa reconstruction, celle aussi de l'invention de nombreuses reliques dans le sanctuaire de Notre-Dame. (*Ibid.*, l. II, 13, p. 220.)

Tournai eut comme Arras sa pluie de laine, mais seulement en 1497, au dire

la source d'une merveilleuse prospérité industrielle et commerciale, dont l'épanouissement se manifestera tout à coup au XIIIe siècle, sans que la pénurie des documents permette d'en suivre, aux époques antérieures, la croissance et le développement[1].

II

Les plus anciens titres de l'abbaye de Saint-Vaast sont muets quant à l'économie rurale de ses vastes possessions. Nous savons seulement, par un diplôme de Charles le Chauve du 30 octobre 867, que la totalité du lin récolté dans les vingt-quatre *villæ* assignées à la nourriture des moines et à leur entretien, et quatre cents livres de laine sur leur produit annuel étaient dévolues à la chambre, *ad cameram*, c'est-à-dire au vestiaire et à la lingerie; le prévôt disposait du reste[2].

Suivant la règle de saint Benoît, la transformation de ces laines devait s'opérer dans les officines mêmes du cloître, enceinte jusqu'alors sans défenses, mais que de solides murailles allaient bientôt transformer en *castrum* pour le protéger contre un retour offensif des « hommes du Nord »[3].

Notre marché hebdomadaire existait de temps immémorial, comme les deux places sur lequel il se tenait : le tonlieu en avait été donné à l'abbaye par Thierry, son fondateur.

de Ph. Meyer dans sa continuation des *Ann. Flandr.* de Jacques Meyer, Bibl. d'Arras, ms. 423, fol. 55 r° (65 r°).

(1) Le désir de combler le vide historique qui suit les invasions peut seul expliquer comment le nom d'Attila a pu être associé au souvenir de nos anciennes manufactures : c'est une réédition des *caracalles*. A. Dinaux, tout épris de nos anciens trouvères, avait remarqué que le *minnesinger* allemand, auteur anonyme des *Nibelungen*, parle sans cesse de robes de prix, de coussins brodés, de riches tentures. Pourquoi, pensa-t-il, Attila, le héros du poème, n'aurait-il pas emporté d'Arras ces tapis imaginaires? Et nos historiens d'emboîter le pas à cette fantaisie d'artiste! — A Dinaux, *op. cit.*, 6°, p. 3. — D'Héricourt et Godin, *op. cit.*, 8°, p. 7. — Proyart, *op. cit.*, 10°, p. 147. — Terninck, *op. cit.*, p. 21.

(2) «Linum vero omne ex omnibus villis fratrum usibus deservientibus cum lana usque ad summam cccc librarum ad cameram veniant. Si quid vero superfuerit ex lana, non ex lino, in ordinatione prepositi erit : nam linum omne volumus ut ad cameram veniat.

Outre ces vingt-quatre *villæ*, la charte royale en répartit dix-sept autres environ entre divers services. — *Cartul. Guiman de S. Vaast*, p. 42.

(3) ... Officinas quod ipsum castrum capere prevaleat, secundum regulam sancti Benedicti, in eo habentes, non (ne?) sit eis necessitas foris vagare, ut idem

De ce tonlieu nous sont parvenus deux tarifs à peu près semblables, l'un sans date, l'autre de 1037. Outre certaines matières tinctoriales telles que la cendre gravelée et le guède ou pastel, la perception portait sur les laines, les filés, les draps, les hayons des marchands d'étoffes étalés le samedi sur la place[1].

Les moines de Saint-Vaast ne suivirent pas l'exemple de certaines abbayes de leur ordre, Saint-Germain-des-Prés, Saint-Ouen, Saint-Wandrille, Fécamp, Jumièges, Fleury, où l'industrie des laines devait prendre un développement si considérable; chez eux l'oviculture demeura stationnaire.

Deux bergeries leur avaient été données, l'une avant 1022, de trois cents moutons, par Baudouin le Barbu, au pays de Furnes[2]; l'autre, d'égale importance, par le comte Robert II, à Téteghem près de Dunkerque, au rapport annuel de XXXI l. V s. et deux «poises» de fromage[3].

Ils avaient en outre, avant 1024, la mitoyenneté d'un troisième troupeau à Testerep, entre Bruges et Ostende[4], et l'échange de

pater docet, quia non expedit animabus eorum. — *Cartul. Guiman de Saint-Vaast*, p. 55. — Diplôme du roi Eudes, du 21 mai 890.

J'ai traité la question du *Castrum Nobiliacus* dans les *Mém. de l'Acad. d'Arras*, 2e série, t. XXVI, p. 183-258. Les titres authentiques prouvent qu'il fut construit vers 885. On en prétend faire une «reconstruction», succédant à un soi-disant château romain. La valeur purement subjective de cette hypothèse archéologique est trop insuffisante pour qu'on l'admette sans preuves. — *Mémoires, ibid.*, t. XXV, p. 83.

(1) *Capitulum de consuetudinibus Thelonei. Ibid.*, p. 165-175.

(2) «Terram præter hæc, quam sæpedictus comes Balduinus in Furnensi pago, pro remedio animæ suæ, ad trecentas oves depascendas, vestræ dedit ecclesiæ, nequaquam volumus omittere. — *Cart. Guiman de Saint-Vaast*, p. 57. Bulle de Benoît VIII, du 28 déc. 1022.

(3) Berberia que data est pro comite Rotberto, que sita est Tetingehem habet CCC oves et solvit per annum XXX libras et unam et V solidos et duas pensas caseorum, his terminis et hoc modo : in festo sancti Johannis Bapt. X libras, quas habent camerarius et thesaurarius; in festo sancti Remigii X libras, quas habent cellerarius et elemosynarius; in festo sancte Marie candelor X libras, quas solet habere hospitarius. Viginti quinque solidi et duo pense casee (*sic*) solvuntur in die sancti Johannis.» — Bibl. d'Arras, ms. 624, fol. 145.

(4) In Flandris unam berberiam et unam dimidiam in Testereph. — *Cart. Guiman de Saint-Vaast*, p. 60. Bulle de Benoît VIII, du 16 mars 1024. Cf. *ibid.*, p. 94.

«Carta Philippi comitis altare de Serchingehem et berberiam de Testereth S. Vedasto adjudicantis. 1168. — *Cart. Guiman*, copie de l'Évêché n° 550.

Coulemont, en 1106, leur en donna deux autres près de Bergues, de cent moutons chacun, au rapport annuel de xx l.[1].

On ne voit pas que ce chiffre, augmenté du produit éventuel des *villæ*, ait sensiblement varié par la suite. Il semblera bien modeste si l'on songe à l'étendue des possessions rurales de la puissante abbaye. Les cisterciens de Clairmarais, certes moins richement dotés, comptaient dans leurs bergeries plus de trois mille six cents moutons au XIVe siècle : leur domaine, il est vrai, se rapprochait davantage des prés salés de la Flandre maritime[2].

La production indigène, la laine «nostrée», comme on l'appelait, ne put donc contribuer que dans une proportion assez restreinte au développement de l'industrie textile dans notre cité.

Le facteur principal de ce progrès fut l'importation des laines des provinces limitrophes ou autres, surtout celles des pays étrangers.

III

Avant l'entrée de César en Gaule, de nombreuses colonies belges s'étaient établies dans la Grande-Bretagne. Leur principal «emporium» était *Venta Belgarum*, aujourd'hui Winchester. Les noms relevés sont ceux des *Remi*, des *Morini* et des *Atrebates*[3]. Ceux-ci occupaient, vers la Tamise, un territoire compris dans le Hampshire et le Berkshire; leur capitale s'appelait *Calleva Atrebatum*. Les ruines en ont été récemment exhumées par les soins de la Société Royale de Londres, au hameau de Silchester[4].

Carta Gualteri, Tornacensis episc. pro Serchingehem et berberiam de Testereth. 1169. — *Cart. de Saint-Vaast*, codex du XIIe siècle, nos 40 et 42.

Cf. «allodium nostrum de Testrepa», Du Chesne, *Gand et Guines*, Preuves, p. 193 et Oostende te Strep dans Warnkönig, *Fl. St. u. Rechtsg.* I. Carte de Flandre.

(1) «Boinvillare et Basilica et Columbæ mons, ville S. Vedasti... a Roberto comite, qui in ecclesia S. Vedasti jacet, et matre ejus Clementia, que in Avesnensi ecclesia jacet, pro quadam berquaria xx librarum cambiate sunt» *Cart. Guiman*, p. 297 : Charte de l'abbé Henri; de 1106.

«Berberia quam habemus pro Columunt habet cc oves, et tenet hanc..... et nepotes ejus et solvunt xx libras. Harum due partes sunt cellerarii, tercia vero pars camerarii. — Bibl. d'Arras, ms. 624, fol. 145.

(2) *Gallia Chr.*, III, Instr. col. 123.

(3) J. Desnoyers, *Annuaire hist. de la Soc. de l'Hist. de Fr.*, 1861, p. 300.

(4) M. J.-V. Vaillant, dans une Note datée de Boulogne-sur-mer, le 27 décembre 1890, a rendu compte de ces fouilles à la Commission des monuments historiques du Pas-de-Calais. Cette Note est insérée au *Bulletin de la Commission*, t. I, IIIe livr., p. 179 (1891).

Il existait donc, de vieille date, entre les deux pays des liens étroits de fraternité et de relations commerciales. César sut mettre cette circonstance à profit pour réaliser ses plans de conquête, en se servant de l'influence que la communauté d'origine et les rapports d'intérêt devaient assurer à Commius l rébate sur les colons insulaires.

Ces relations, fortifiées par trois siècles de domination romaine, survécurent à sa ruine. Les invasions purent les interrompre temporairement, non les supprimer : après chaque avalanche, la vie commerciale suspendue reprenait avec un redoublement d'énergie, de plus en plus intense à mesure que l'envahisseur, devenant moins farouche, se laissait à son tour subjuguer par la civilisation du vieux monde.

Les Saxons et les Danois étaient des marins intrépides; leurs rapports avec les Frisons, ces entrepositaires des marchands orientaux, ne pouvaient que favoriser le progrès du trafic maritime sur les côtes de l'Océan Britannique[1].

La conquête de l'Angleterre par les Normands donna une impulsion nouvelle aux relations de la Grande-Bretagne avec la Flandre, dont Arras était alors la capitale : on sait que Guillaume le Bâtard avait épousé Mathilde, fille du comte Baudouin V et sœur du Roi de France Henri Ier.

Sous cet implacable justicier, qui avait supprimé le brigandage et veillait à la sûreté des chemins, on vit, au dire d'un contemporain, l'importation des marchandises de l'ancienne Gaule prendre, en Angleterre, un essor inconnu jusque-là, et les Anglais eux-mêmes se plier aux élégances des modes françaises[2].

(1) «Les navigateurs entreprenans et actifs de l'Aquitaine, de la Neustrie et de la Bretagne, alloient chercher, et les habitans des îles Britanniques, de la Saxe, de la Frise, des bords du Danube, apportoient les pelleteries, les toiles, le fer, le plomb, *l'étain, l'ambre et les autres* marchandises du Nord, qu'ils échangeoient contre des vins et divers produits de l'industrie française.» — J. M. Pardessus, *Coll. des lois maritimes*, t. I., Introd. p. 61.

(2) «His temporibus opitulante gracia Dei pax in Anglia regnabat, et securitas aliquanta procul repulsis latronibus habitatores terræ refovebat. Civiliter Angli cum Normannis cohabitabant in burgis, castris et urbibus, connubiis alteri alteros sibi conjungentes. Vicos aliquot aut fora urbana Gallicis mercibus et mangonibus referta conspiceres, et *ubique Anglos, qui pridem amictu* patrio compti videbantur Francis turpes, nunc peregrino cultu alteratos videres. Nemo prædari audebat...» — Ord. Vital, *Hist eccl.*, ann. 1071, t. II, p. 214, edit. Aug. le Prevost.

Un développement rapide de l'exportation des produits anglais devait en être la conséquence. Les laines d'outre-mer ne tardèrent pas à affluer dans les ports du littoral et sur nos marchés, tandis que nos tissus prenaient, avec ceux des autres villes drapières, le chemin des foires d'Angleterre, de Flandre, du Lendit, de Champagne et de Brie, d'où le courant commercial les emportait au delà des Alpes et des Pyrénées.

De ce grand mouvement économique date l'origine de notre bourgeoisie et l'acheminement du haut négoce à la conquête de l'influence politique. On voit, sous cette impulsion, les gens de métier se grouper, leurs confréries se multiplier, les corporations se hiérarchiser sous la guilde des marchands, *guilda mercatorum*, la «carité d'Arras», dont la fameuse chandelle a perpétué le souvenir[(1)].

Cette guilde, à son tour, se syndique avec les marchands des villes de la région, et forme avec elles une puissante association pour la défense de leurs intérêts communs : l'union drapière des dix-sept villes de la hanse de Londres[(2)].

A cette période ancienne et si peu documentée de notre trafic international se rattache le nom d'un de nos marchands, Martin Campion, bourgeois d'Arras, mort en 1222[(3)]. Il fréquenta longtemps les marchés d'Angleterre, comme on le voit par les saufs-conduits

(1) «Porro guilda mercatorum debet viginti quatuor solidos, qui dicuntur de candela, quos scabini solvunt. Quando mercatores ad suam consident caritatem, si cellerarius vel thesaurarius illuc mittunt, uterque ex consuetudine debet habere dimidium vini sextarium.» — *Cart. Guiman de Saint-Vaast*, p. 191.

«Cascune carge d'avoir de pois, porouec qu'ils aient lettres : xvi der [illegible] mier, pour que li avoirs soit à bourgois de le carité d'Arraz manans [illegible] les murs.» *Tarif du Tonlieu de Bapaume* dans Tailliar. *Recueil d'actes*, p. 22 (fautif) et dans J. Finot, *Étude hist. sur les relations comm. entre la France et la Flandre;* in-8°, 1894, p. 154.

Ce texte de Guiman montre qu'en 1170 les intérêts de la *guilde des marchands* se confondent déjà avec ceux de la commune. *V. Sigill. d'Arras*, in 4°, Introd. p. XIII.

(2) Roisin, *Coutumes de la ville de Lille*, p. 151 à 153.

(3) Extraits des *Rotuli litterarum patentium :*

1° «Rex etc. omnibus etc. Sciatis quod dedimus licenciam Martin. Campin., mercatori de Atrebato, quod salvo possit venire et redire, vel homines suos mittere cum dominicis rebus et merchandisis suis, et negociari per totam terram nostram etc. usque ad festum S. Michaelis, anno etc. VII°. Et prohibemus ne quis ei vel suis injuriam faciat vel gravamen. — T. Saherus de Quency. — XIII die aprilis anno, etc. VI°.»

[13 avril 1205. — Vol. I, pars. I, p. 52.]

qu'il obtint du roi Jean sans Terre dans les premières années du XIIIe siècle[1].

D'après le portrait qu'en a tracé Guillaume le Breton, dans sa *Philippide*, la caractéristique de nos familles bourgeoises d'alors était l'âpreté au gain, la soif de l'argent, l'usure :

> Atrebatumque potens, urbs antiquissima, plena
> Divitiis, inhians lucris et fœnore gaudens.

Ce fut cette aristocratie mercantile et financière qui obtint de Philippe Auguste, avec la grande charte de 1194, le privilège d'un échevinage désormais électif et périodiquement renouvelable, assisté

2° «Martinus Campio de Attrebato habet litteras domini regis patentes quod possit salvo et secure venire in Angliam ad debita sua perquirenda, et redire, usque ad mediam Quadragesimam, anno, etc. VIIe.»

[*Ibid.*, p. 57.]

3° «Rex omnibus, etc. Sciatis quod ad petitionem dilecti nostri S. comitis Winton., concessimus Martino Campion, mercatori de Attrabato, licenciam et salvum conductum veniendi et morandi in terra nostra Anglie cum rebus et mercandisis suis, ad fidem nostram quandiu nobis placuerit.........., IX sept., regni nostri Xe.»

[9 sept. 1208. — *Ibid.*, p. 86.]

4° «Rex omnibus etc. Sciatis quod recepimus Martinum Campionem, civem Attrabatensem, in protectionem et defensionem tanquam dominicum mercatorem nostrum, et omnes homines, res et mercandisas suas; et concessimus quod ipse et sui eant et redeant salvo et secure, cum rebus et mercandisis suis, et negocientur per totam terram nostram, faciendo modo rectas et debitas consuetudines. Ita quod securitatem faciat in adventu et recessu suo quod homines sui sint cum mercandisis suis et quod non nisi sua propria advocabit. Et ideo vobis precipimus quod ipsum et omnes predictos homines suos presentes litteras deferentes et omnia sua protegatis et defendatis, nec ei vel suis faciatis vel fieri permittatis injuriam vel gravamen, et si quid eis forisfactum fuerit, id eis sine dilacione faciatis emendari. — Apud Notingh. IIIe die decembr., anno regni nostri Xe.»

[3 déc. 1209. — *Ibid.*, p. 88.]

(1) Le sauf-conduit suivant constate les relations commerciales d'Arras et de cinq villes voisines avec la Rochelle :

«Rex etc. majori et communie de Rupella etc.

... Idem volumus quod faciant et sub eodem conductu nostro et in eadem pace nostra eant et redeant mercatores de sex villis Flandrie, scilicet de Sancto Audomaro, de Attrebato, de Ypra, de Brugis, de Insula, quamdiu fuerint in eo statu quo modo sunt, et ad fidem nostram... Apud Winton. I die januarii.»

[1 janv. 1209. — *Ibid.*, p. 91.]

d'un conseil administratif de douze membres, c'est-à-dire une sorte d'autonomie tempérée, sous l'autorité des officiers du roi.

Le tableau que présente à nos yeux l'organisation de la commune donne l'impression d'une vaste usine : la cloche du beffroi sonne l'ouverture des ateliers, l'heure du repas, la cessation du travail, l'extinction des feux.

Les corporations de métiers, nos «gueudes», fonctionnent sous l'autorité, la direction, la réglementation et au profit de quelques familles patriciennes où se recrutent l'échevinage et le conseil, familles qui ont accaparé depuis longtemps le commerce des laines, l'exportation des draps et les lucratives opérations du change.

De même que dans la hiérarchie féodale et politique, depuis le roi jusqu'au bourreau, depuis le maire jusqu'au «tue-kien», la clef de voûte de cet édifice est le serment à tous les degrés : serment civique, qui solidarise la bourgeoisie haute et basse; serment corporatif, qui enchaîne le serf industriel à sa tâche; serment administratif, qui en assure le contrôle et l'exécution [1].

Juges souverains de l'association, au civil comme au criminel [2],

[1] Nous avons imprimé le *Livre aux Serments de l'échevinage* à la fin du volume de *Documents* de notre *Inventaire chron. des Chartes de la Ville d'Arras* (1859-1862), dont le volume d'analyses n'a pas paru. Au commencement du *Livre rouge de la Vintaine* on trouve les serments des métiers de la draperie, qu'on y a ajoutés postérieurement.

Dans l'un comme dans l'autre de ces recueils, certains offices inférieurs ne sont pas représentés, leur serment rentrant, par analogie, dans l'une ou l'autre des formules inscrites. Mais aucun office n'échappait à cette obligation, pas même les lieurs et cordeurs de draps, à plus forte raison les auneurs, les hostelains, les courtiers, etc.

Le «tue-kien» communal, qu'on peut considérer comme placé au dernier échelon de la hiérarchie — encore que sa fonction fût loin d'être une sinécure — prêtait le serment, non compris au *Livre*, «qu'il ne tuera que kiens truans, et bien et loialement il les tuera, sans prendre aucun pourfit de respiter ent aucun.» — Arch. comm. *Reg. mém. III*, fol. 92 v°.

[2] Au criminel, leurs sentences étaient exécutoires nonobstant appel en cas de flagrant délit ou d'aveu, comme on le voit par un important arrêt du Parlement de 1286, extrait d'un registre aujourd'hui disparu des *Olim*, à la requête de Jean Carbonnel, procureur d'Artois, et sur les diligences de Jean Duret, solliciteur du Duc de Bourgogne à Paris en janvier 1497 :

«Ordinatum fuit quod reciperentur appellationes in causis criminalibus, tam super condempnacione quam super absolucione. Sed ubi confessus fuerit de crimine et condempnatus, vel ubi erit captus in ipso maleficio, poterit sentencia condempnacionis mandari execucioni. Et in causa appellacionis excusabitur judex a quo

les échevins — banquiers et marchands — en sont en même temps les gérants et les commanditaires.

Dans leurs conflits perpétuels avec l'Église, hostile à l'usure par état, jalouse avant tout de ses privilèges, c'est aux foires que l'excommunication va les atteindre — *in nundinis*[1].

Le *Livres de jostice et de plet* nous raconte que le maire d'Arras étant mort, une partie du corps électoral, alors en marchandise, demanda au roi l'ajournement de l'élection jusqu'à son retour[2].

Le roi rejeta la requête; il pouvait, en effet, paraître excessif de soumettre l'élection au bon plaisir de bourgeois partis, soit en

erit appellatum, si probet aliquem casum predictorum. In aliis casibus oportebit supersederi execucioni.» — *Inter arresta expedita Parisius in parlamento, anno Dom.* M° CC° *octogesimo sexto circa Penth.* Ainsi signé : *Coll° facta est*, Reynaut. (Extractum a registris curie Parlamenti.)

Arch. du Nord, *Reg aux Ch.* 1498-1506, fol. 131. — Arch. comm. d'Arras, *Reg. mém.*, *XI*, fol. 26 v°.

[1] «Cum enim dicti scabini a nobis contumaciter recessissent... tam ipsos quam alios scabinos ipsis immediate de novo substitutos... per totum Atrebatensem diocesim, et in nundinis omnibus cum eis contractus ineuntes vel alio quolibet modo eis scienter communicantes excommunicari fecimus.» *Cartul. Guiman*, copie de l'Évêché. — Pièces de procédures transcrites en tête du manuscrit, § 6, *Aggravatio sententiæ*, novembre 1222.

[2] «Quant li meres d'Arraz fut morz, dix des plus riches homes de la vile, qui estoient hors de la vile, mandèrent as autres borgois de la vile, par certain message, qu'il ne nonmassent nule autre persone jusque il [y] fussent. Porquoi li borgois qui estoient présent, asignerent terme, segont la commune (*coutume*) dou païs, à cels qui n'y estoient mie, et qu'ils venissent à faire le eslection; et demandèrent le roi savoir se li lointain devent estre atendu? Et li rois respont qu'ils eslisent, et quant auront esleu, qu'il li presentent l'eslection, et li confermera comme rois.

Entend que (*qu'en*) eslection de meor de borgois «tant loncteus (*lointains*) ne devent pas estre atendu; car demore est molt sospeceneuse et domageuse en eslection; et aucun aporte auscune fois les fez à deus persones.» — *Li Livres de jostice et de plet*, Ed. Rapetti (1850), p. 33, § 17.

Il a déjà été question du maire d'Arras dans cet ouvrage, p. 13, § 1, à propos d'un ensaisinement.

La mairie d'Arras était un office féodal, mouvant du roi avant 1236, ensuite du comte, auquel il fit retour, on ne sait ni quand ni pourquoi. Après l'avoir tenu assez longtemps dans sa main, Robert II l'inféoda de nouveau en 1272.

L'élection ci-dessus n'a pu se faire que pendant une vacance du fief; or l'intervention du roi semble en reporter la date, et par conséquent celle du *Livres de jostice et de plet*, avant l'avènement du comte Robert Ier, tout au moins à l'époque de la minorité de Robert II.

Lombardie vendre leurs draps, soit en Angleterre acheter des laines[1].

L'un et l'autre commerce en supposait un troisième, celui de l'argent, la banque. Ils alternaient souvent dans la même famille : le père était drapier, le fils usurier, ou réciproquement, sinon tous les deux à la fois[2].

Dans la collection de nos satires artésiennes, d'un intérêt si vif pour reconstituer la physionomie de notre société au XIIIe siècle, mais si énigmatiques dans leurs allusions personnelles, et si difficiles à dater, il en est une qui trouve ici sa place tout indiquée; on peut l'intituler : *La laine à ma tante*[3].

«Ma tante», c'est l'Angleterre; elle a vendu des laines à nos bourgeois d'Arras, qui ne veulent pas payer. Le jongleur, son soi-disant neveu, vient de passer la mer pour recouvrer ces créances. Il s'annonce ainsi :

> Biau signeur, je ne sui ne sorciers, ne devins,
> Semoneres de cors, ne crieres de vins;
> Ains sui li mervilleus, cil qui dist les mervelles :
> Por çou me mande on as festes et as velles.
> Je di si grans mervelles, por gens esmervillier,
> C'on doit bien une nuit por mi oïr villier,
> Saciés que je sui nés là outre en Engleterre;
> Ça outre sui passés por paor de la guerre.

(1) Raisons alléguées par l'abbaye de Saint-Vaast, en 1222, dans le procès intenté par elle à Nicolas Morteanguille, Jacques Esturion et Jean Huquediu, marchands et bourgeois d'Arras, se prétendant à ce titre exempts du tonlieu de leurs draps sur le marché d'Arras :

«Item adversarii emunt in foro nostro, non ad usum civitatis suæ, sed ut exportent et discurrant per nundinas longinquas et per Lombardiam; unde, quantum ad tales negociatores, reputandi sunt quasi extranei mercatores; et sicut solvunt consuetudines aliorum mercatores, sic et consuetum theloneum in mercato nostro tenentur solvere.» (*Cartulaire Guiman*, copie de l'Évêché. — Pièces de procédures transcrites en tête du manuscrit n° 69, § 1er : *Rationes super consuetudine Flandriæ.*)

On voit, par un passage de ces plaidoiries, que les marchands d'Espagne et de Lombardie fréquentaient le marché de cette ville :

«Pari enim racione teneremur probare institutionem thelonei ad Lumbardos et Hispanos, vel quoscumque mercatores debere extendere, quod probare non tenemur.» (*Ibid.*, n° 60, § 2. *Positiones.*)

(2) «Filius mercatoris quandoque non est mercator sed usurarius, et e converso.» (*Ibid.*, n° 69, § 2, *Rationes.*)

(3) Bibl. nat., ms. fr. 12615, fol. 209 v°.

S'ai une miue antain, qui ça m'a envoié
Por requerre une dete, mais on *li a noié*.
Bien a passé trois ans, viegne à le Mazelaine.
C'on li doit à Arras quatorze sas de laine.

Alors commence le défilé des débiteurs récalcitrants. Vingt-deux noms de notre aristocratie marchande figurent dans cette revue humoristique, entre autres Henri Huquedieu [1], de l'une de nos familles les plus marquantes du XIIe siècle. Elle possédait dès 1170 un manoir au bas de la rue de l'Abbaye, près du Crinchon [2].

Or me covient là jus en l'Abie avaler;
A Henri Huquediu me convenra parler.
Se Dex ne li aiue, il ert mors aparmain :
Il a le plus naiue de le laine m'antain,
Bien en peut faire cape, por çou qu'il est capés;
Mais encor n'est-il mie de me rime escapés,
Se je n'ai cele cape qu'il m'a pièça pramise :
Je croi qu'ele est de bure, si est toute remise.

Ce dernier vers avec sa double équivoque sur «bure», étoffe, qui s'entend aussi *beurre*, et sur «remise», qui veut dire à la fois *retardée* et *fondue*, fournit un échantillon de ces «rébus de Picardie», ou calembours, qui valurent aux habitants d'Arras l'épithète courante de «bordeor» et de «hauguigneurs» [3].

(1) Ce Henri Huquedieu, qui ne voulait payer ses laines d'Angleterre, ni en argent, ni en nature, eut maille à partir avec l'inquisition. Dénoncé pour avoir mal parlé de la foi, il fut cité devant le terrible frère Robert, *qui comburebat hereticos.* Il n'eut garde de comparoir, et fut excommunié par contumace. Avril 1244. (Godefroy, *Inv. des chartes d'Artois*, n° 169. — J.-M. Richard, *Inv. somm. du Pas-de-Calais*, série A, t. I, p. 18, col. 2. — Cf. Le Nain de Tillemont, *Vie de Saint-Louis II*, 290.)

Sur les Huquedieu du XIIe siècle, voir nos *Orig. d'Arras et de ses institutions.* Arras-Ville, I, 1896, p. 48 et 71 du tiré à part (*Mém. de l'Acad. d'Arras*, 2e série, t. XXV, p. 228, 251.)

En mai 1257, Robert Crespin, fils de feu Robert, acheta de Henri Hukedieu la part de Wautier Mulet dans les moulins de Méaulens, à charge de l'usufruit de OEdain Mulete, sa mère. (Arch. dép. *Saint-Vaast*, Chirog. orig.)

(2) *Sequitur molendinum de Alluenth.* Domus Sawalonis Hucdeu. (*Cartulaire Guiman*, p. 201; cf. p. 221, 227, 228, 234, 235.)

(3) Le 18 mai 1743, l'Académie d'Arras, consultée sur le sens du sobriquet *li bordeor d'Arras* «ne le crut pas susceptible d'une dissertation, dit le procès-verbal, ni de remarques de sa part». — Cette fin de non-recevoir, quelque peu guindée,

La satire ne s'arrête pas là; elle prend à partie le maire d'Arras et sa famille :

Se li maires d'Arras fust ne fols ne estous[1],
Saciés que ses parens j'es i mesisse tous;
Qu'il en i a de teus, qui sont de se lignie,
Ki tinrent à m'antain pièça grant compaignie
De le laine d'Escoce et de celi de Wales :
Me sire Bauduins et me sire Sawales,
Cascuns d'eus en a bien, je quit, piere et demie,
Mais par lor grant orguel paier n'en voelent mie.

L'Église elle-même n'est pas épargnée; un de ses hauts dignitaires trafiquait, paraît-il, de compte à demi avec les gros bourgeois :

Je croi l'archediaques, qui sire est d'Ostrevant,
A part à cele laine; à lui m'en vois clamer.
S'il cuke de se corne, nul ne l'en doit blasmer,
K'ainc mais ne vi bernart ne mouton si cornu[2];
Je croi de grant sience a il tout son cors nu. . .

Par son allusion à la guerre, l'auteur paraît avoir écrit en 1258. Cependant d'autres éléments synchroniques fournis par l'ensemble des personnages cités, joints à la désignation assez transparente de

laisserait croire que, par suite d'une fausse analogie, on aurait vu dans ce mot une imputation de mauvaises mœurs, ce qui n'est pas.

Ce dicton du XIIIe siècle, se trouve dans les proverbes transcrits par La Curne de Sainte-Palaye à la fin de son recueil de *Poésies mss. avant 1300*, t. IV, p. 1651. (Bibl. de l'Arsenal, n° 3102). Crapelet l'a reproduit dans ses *Proverbes et dictons populaires*. Le mot *bordeor* signifie «conteur de bourdes, trompeur, farceur», et devient synonyme de «jongleur» pris en mauvaise part. — Voir les exemples dans es *Dictionnaires* de La Curne et de Godefroy.

«Ceux de la ville d'Arras en Artois, dit Brantôme, ont esté de grands causeurs de tout temps, et les appeloit-on *hauguineurs*, et font rencontres qu'on appelle des rébus d'Arras.» (*Capit. fr.*, t. II, p. 130.)

«Hauguineur», qu'on écrit aussi «hoguineur», voudrait dire, d'après La Curne «importun, fatigant»; mais on ne trouve ni exemple, ni dérivation qui justifie 'hypothèse. N'y aurait-il pas là plutôt une transcription fautive de *engigneur*, mal saisi par une oreille étrangère au dialecte picard? On rentrerait ainsi dans le sens exact de *bordeor*.

(1) Je comprends : *ne fust fols ne estous*. — «Si le maire d'Arras n'était stupide et fou, sachez que je lui enverrais tous ses parents.»

(2) Bernart, surnom de l'âne, synonyme de «cornart», sot, niais. — Voir Du Cange, v° Bernacus et Bernarius.

Bernard, archidiacre d'Ostrevant, permettraient peut-être de reculer cette date vers 1242 [1].

En tout cas, on voit que les satires du temps trouvaient déjà une abondante matière dans l'avarice et la sotte vanité de nos bourgeois enrichis. Pour en généraliser l'intérêt, il ne manque qu'un commentaire à ces manifestations de l'hostilité du «commun» contre les parvenus de la laine et de la finance. Ce commentaire n'est pas sans difficultés : c'est là l'obstacle qui en a jusqu'ici retardé la publication.

IV

Nos anciennes confréries ont à peine laissé trace de leur existence dans les documents du XIIe siècle. En dehors de la guilde des marchands, avec son maire et ses privilèges, on y relève seulement celles des meuniers, des boulangers, des bouchers, des mégissiers, des lormiers, des cordouaniers, des sueurs, des monnayeurs, des parmentiers et des tondeurs de draps [2].

Aucun renseignement ne nous est parvenu sur leur organisation religieuse, ni sur leur condition civile et économique. La police générale de ces corporations rentrait vraisemblablement dans les attributions du châtelain, qui, comme on sait, percevait le tiers des amendes. Aussi les bans de police échevinale, publiés à la bretêque de la ville [3], l'étaient-ils encore en son nom, longtemps après

[1] Nous ne connaissons aucune mention de l'archidiacre d'Ostrevant Bernard, antérieure à octobre 1244. (J.-M. Richard, *Inv. somm.*, série A I, p. 18, col. B.) — Le même inventaire le cite de nouveau en août 1245, p. 19, col. B et en février 1248, p. 20, col. B. — Godefroy, *Inv. de Fl.*, le nomme en juillet 1245, n° 344 et en avril 1247, n° 892.

Entre 1239 et 1253 nous n'avons relevé jusqu'ici aucun autre archidiacre d'Ostrevant. A cette dernière date on trouve Wautier de Gant.

[2] *Cartul. de Guiman*, p. 191, 332, 335.

[3] D'après M. Ad. de Cardevacque (*Les Places d'Arras*) p. 376, cette ancienne bretêque se trouvait au coin de la rue de Justice, n° 76. C'est une erreur : tous les documents la placent à la *maison de la Bretêque*, n° 68, comme l'indique ce nom. Dans le bas était la halle aux chausses; le haut servait de salle de jeu aux bourgeois notables qui cultivaient le brelan. (Arch., com., *Mém.*, III, fol. 111.) L'auteur intervertit d'ailleurs l'ordre chronologique des deux premiers propriétaires qu'on lui connaît; de plus, il transpose les maisons qui lui étaient contiguës. Les *Turpinés*, placés indûment au n° 66, doivent être reportés au n° 70, à côté des *Cappellés*, et, réciproquement, la maison juxtaposée par erreur aux *Cappellés* doit venir séparer la *Bretêque* de la *Baleine*, n° 64. Cette maison intermédiaire s'appelait, au XVe siècle, *Les petits Barrois*. (*Ibid.*, Pap. aux ouvrages, 1464-65, fol. 5ro.)

que l'institution d'un bailli royal eut fait de son office une espèce de sinécure féodale, en le réduisant à la garde de sa prison [1].

A Saint-Omer, au contraire, on voit au XIVe siècle que le châtelain continuait d'intervenir effectivement dans le fonctionnement de certains corps de métiers [2].

Ceux dont le *Cartulaire de Saint-Vaast* nous a fourni l'énumération précédente permettent de conclure par analogie à l'existence de bon nombre d'autres que Guiman n'a pas eu lieu de citer isolément; une mention en bloc les y laisse deviner [3].

Cependant la communauté des foulons, au moins contemporaine de celle des tondeurs, ne se révèle historiquement qu'en 1216, dans un acte d'affranchissement de certaines redevances auxquelles ils étaient tenus envers Gilles de Beaumetz, châtelain de Bapaume [4].

A son tour celle des tisserands, non moins ancienne assurément que les deux autres, apparaît pour la première fois en 1232 à l'occasion d'un conflit à main armée entre les moines de Saint-Vaast et les chanoines de la cathédrale. Le sujet du litige était un repo-

(1) La plus ancienne mention d'un ban publié à Arras se trouve dans le dispositif d'une charte de Baudouin à la Hache notifiant un jugement de la cour de Flandre rendu dans cette ville en 1115 : «Precepi, et preceptum presentibus et futuris in memoriam reservandum scribi et eciam in pleno foro sub banni nomine declamari jussi...» *Cart. Guiman*, p. 333.

L'assemblée du peuple se faisait, soit en frappant sur la bretèque avec un maillet de bois, soit au son du cornet. Le bassin, dont le trompette de ville se sert encore, se rencontre en 1642.

Le crieur commençait par le sacramentel : «Oyez! — Je fais le ban de par le chastelain, le maire, les eschevins de la cité et les hommes de la ville», etc.

Certains bans étaient publiés de par la Vintaine, soit devant sa halle qui avait très vraisemblablement une bretèque, soit au Marché au Filet (Filé).

Sa lecture faite, le crieur disait : «N'i a plus, or poés huer.» Et la foule de huer. Aussi les bans s'appelaient-ils des «hués», comme on le voit par l'article 121 du Concordat de 1735 entre Saint-Vaast et la Ville : «Les officiers et sergeans qui feront de la part des eschevins les bans et proclamations appelés *hués*...». — Cf. *Le jus de saint Nicholai* dans Montmerqué et F. Michel, *Théâtre fr. au moyen âge*, p. 167.

(2) Arch. de Saint-Omer, Manufactures CXXXIV, Ordon. de la draperie, s.d. XIVe s.

(3) «Multæ fuerunt hujusmodi caritates; sed quod in aliis refrixit in his viget.» (*Cart. Guiman*, p. 191.)

(4) «Item, une petite lettres en latin scellées des seaux de Gilles, castelain de Bappalmes, et de A. sa femme, en lache de soie vermeille et cire verde en datte de l'an 1216, par lesquelles ils quittent certaines redebvances annuelles que leur estoient dües par les foulons d'Arras. — Signées au dos : O. (*Invent. ms. de 1598 et de 1669*, Arch. com. — Titre perdu.)

soir élevé par ceux-ci sur le tréfonds de l'abbaye, pour y exposer publiquement leur grande châsse.

Les moines ayant aussitôt démoli cet édifice de feuillages, les chanoines firent dresser sur son emplacement la tente de guerre des tisserands d'Arras, *tentorium textorum Atrebatensium.* Le pavillon de la guilde fut leur sauvegarde [1].

Dix ans plus tard, cette même corporation reparaît dans nos chartes : elle y fait l'objet d'une transaction par laquelle la ville s'engage à payer au comte Robert la somme énorme de 12,000 livres parisis, tant pour les amendes que pour la gueude des tisserands, et pour la Vintaine : *pro emendis... et pro gueuda textorum, que quitat et de quibus nos in pace dimittit, et pro costuma que Vintena vocatur* [2].

On se demande quelle prévarication avait pu motiver une pénalité semblable; le texte ne le dit pas, et nous ne connaissons rien qui puisse suppléer à sa concision énigmatique.

Peut-être faut-il entendre par *gueuda textorum* quelque assemblée illicite et tumultuaire de la guilde, un de ces soulèvements — « takehans » ou « coquerulles » — dont nos villes drapières furent plus d'une fois le théâtre : on sait que les tisserands étaient toujours en tête du mouvement.

Les satires artésiennes signalées plus haut nous ont précisément conservé le souvenir d'une de leurs prises d'armes. C'est un poème burlesque, sorte de parodie des chansons de geste, écrite en un français flamingant — pour ne pas dire flamingué — outrageusement travesti, farci d'équivoques, où le jongleur nous raconte les préparatifs d'une expédition des tisserands d'Arras contre le château de Neuville.

La banclocque sonne, l'ost est crié par les rues. A cet appel accourent en foule les Flamands des bas quartiers; Simon Banin les harangue; les paladins de la navette revêtent l'armure et montent en selle; 3,000 communiers marchent à la suite du châtelain Hugues précédé de son ménestrel Grardin [3] et de son sergent Wautier

[1] Voir à ce sujet, sur certaines divergences de fond et de forme, le *Bulletin de la Comm. des mon. hist. du Pas-de-Calais*, t. I, 5e liv., p. 303 et 307.

[2] *Invent. chronol. des chartes de la Ville d'Arras*, vol. : *Documents* (seul imprimé, et inachevé), p. 36, et note p. 37.

[3] Ce personnage est connu; son nom figure dans un compte inséré au t. XXII du *Recueil des histor. de France*, sous le titre *Itinera, dona et hernesia anno*

Naimeri, qui porte «l'oriflamme»[1]. Et maintenant, à l'assaut du château! Sus aux usuriers!

Si que de grand bailon nous puist tos savoir gré.
Wi ce jor ert l'honeur de tisterant sauvé;
Ces useriers poiant ert arriere boité[1].

Quels usuriers? Pourquoi cette chevauchée et contre qui? Arsin, abatis judiciaire, ou représailles communales? C'est une énigme. L'intervention du châtelain Hugues devrait en faire reporter la date avant 1222, au temps du grand bailli Névelon; mais est-elle historique? La satire ne s'abrite-t-elle pas derrière un anachronisme?

Quoi qu'il en soit, tous les détails de la scène rappellent la topographie d'Arras : la porte Méaulens, la Poterne, le Pré, le Jardin, la paroisse Sainte-Croix et sa première confrérie de tisserands.

De frere de saint Jake à ce caperon grant[2].

C'est donc sans raison plausible que Victor le Clerc, en insérant dans l'*Histoire littéraire de la France* des extraits de cette bouffonnerie héroïque, a cru y voir un souvenir de l'insurrection de Bruges en 1301, et reconnaître dans notre Simon Banin le chef des tisserands révoltés, Pierre de Coninck[3].

D'autre part, l'identification hasardée par le savant français est certainement étrangère aux motifs qui ont conduit Aug. Scheler à publier in-extenso cette burlesque chevauchée; car, s'il en place la scène en Flandre, il lui donne pour acteurs des «villageois flamands», et pour objet «l'honneur du grand bailli *Tisteran*[4]»!

M. C. XXXIX, p. 597 : «Girardus, ministerellus castellani Attrebatensis, de dono XX sol. ad Gisortium». — Notre châtelain était alors Baudouin, fils de Hugues.

(1) Et Wautier Naimmeri, qui fat de bon sargant,
Il porte un lariflame van de ven desploant,
Et Grardin le kiiere (*le crieur*) qui l'aloit tuletant (*trompetant*).

Ce sergent est cité parmi les détenteurs de *La laine à ma tante :*

Nis Wautier Naimmeri n'i ruis jou déporter,
S'il ne fait cele laine en maison raporter;
Ja por sen bastoncel ne lairai ne li rueve.
As cipaues (*grimaces*) qu'il fait me mostre bien et proeve
Qu'il a de cele laine assés plus d'un pezon :
J'en ai le contrepois deriere no lezon.

(2) Sur la fondation de la chapelle Saint-Jacques en Sainte-Croix et le renouvellement de la confrérie à la fin du XVe siècle, voir *Bull. de la Comm. des mon. hist. du Pas-de-Calais*, t. I, p. 158.

(3) T. XXIII, p. 493-501.

(4) *Trouvères belges* (nouvelle série), Louvain 1879. N° XIV et page 351.

La vérité est que les «gueudes» d'Arras n'avaient pas attendu l'exemple des Flamands pour manifester leur turbulence.

En 1253, la veille de saint Nicolas en décembre, on avait dû interdire leurs réunions par mesure de sécurité publique [1].

En 1285, dans des circonstances semblables à celles qu'on a déjà vues, c'est-à-dire à l'occasion des reliques exposées sur la Petite-Place par les chanoines de la cathédrale, un soulèvement populaire éclata. Les séditieux, s'emparant des bannières chez les mayeurs des gueudes, firent appel à leurs confrères, parcoururent la ville en criant : «Mort aux échevins!» ameutèrent la populace, enlevèrent la châsse de son reposoir, la promenèrent, et la reportèrent violemment à l'église Notre-Dame, non sans l'avoir brisée [2].

[1] Bibl. d'Arras. *Chron. ms. de Cl. Doresmieux.*

[2] Arrêt du parlement de 1286 dans les *Olim.*, t. II., p. 245. Voici un document original inédit relatif à cet événement :

«*Che sunt les besoingnes d'Arras.* — Item dou castelain d'Arras que l'en tient son cors en le prison de Bapaumes et sa castelerie saisie pour v hommes qui escapé li sont de sa prison, qui estoient en cas d'avoir les testes caupées, u de estre trainé et pendu si comme auchun de leur compaignons avoient esté, par ce k'il avoient pris, il et leur aide, u Petit Marchiet, à la foiellie, la fiertre N. Dame, et l'emportèrent en Cité, en mal et en torblement de la vile et en destorbement de la vile et de la justice monsg^{r} le Conte, et prisent les banières chiés les maieurs des geudes et coururent par la vile banières desploiies, et crièrent à la mort contre eschevins et contre les riches hommes, et les vaurent ochire et assalirent, et prisent les clés des portes et les fremèrent, et crièrent leur ban; des quels on a caupé testes et trainés et pendus et de cheus qui sunt escapé li castelains ne veut respondre avenant, ains s'est mis em plait ordené en le cort Mgr le Conte sour ce.» (Bibl. nat., Rouleau, *Artois*, IV. Colbert. *Fland.* 187.)

Mairiaus, *Jehan de Biaumés et un troisième* «prins à le cambe de Puigniel. On dissoit qu'il avoient esté à reuber le fiertre N. Dame d'Arras ou Petit Markiet.» (Archives du Pas-de-Calais, Rouleau, s. d., 1286.)

Notre histoire locale a singulièrement interprété les diverses circonstances de ce soulèvement populaire. Elle nous parle de bannières de la ville foulées aux pieds, de chefs de la révolte réfugiés dans la ville haute, de reliques promenées processionnellement pour calmer l'effervescence, enfin d'émeutiers trouvés ivres-morts dans la *cave aux vins de l'échevinage!*

Tous ces récits sont purement imaginaires. Le dernier est une création de Harbaville, adoptée de confiance par ses successeurs, bien qu'elle n'ait ni fondement, ni vraisemblance historique. C'est, en effet, plus de deux cent cinquante ans après cette date, que les échevins s'imaginèrent de faire vendre du vin en détail, à leur compte, au célier du nouvel hôtel de ville. Il n'exista jamais de cave semblable dans l'ancienne halle échevinale. — Voir Harbaville, *Une émeute en 1285* dans les *Mém. de l'Acad. d'Arras*, 1845, t. , p. 352. — D'Héricourt et Godin, *Op. cit.*, p. 55. — A. de Cardevacque et A. Terninck, *Hist. de l'abbaye de Saint-*

Comme on le voit, la bannière de la confrérie religieuse servait à la fois de signe de ralliement aux gens de métier et d'enseigne militaire à la «gueude». Celle-ci fut, en effet, l'unité tactique de nos premières milices communales dans l'enfance de leur organisation.

Nous possédons à cet égard un document précieux, les statuts de la confrérie de Saint-Julien de nos tondeurs de draps, mentionnée ci-dessus dans un titre du XIIe siècle. Ces statuts, renouvelés au XIIIe siècle, ne portent pas de date, mais on y relève cette phrase : «Et ce, sauf le droit à mon seigneur le roy et au castellain» : ils ne peuvent donc être postérieurs à 1236, année de l'avènement du premier comte d'Artois.

Bien que les copistes du XIVe siècle aient dû faire subir à la lettre de ce document plus d'une altération orthographique, sa rédaction lui imprime un incontestable cachet d'antiquité.

Voici les articles de ces statuts qui concernent le service militaire :

Et chascuns maistres doit avoir ses armes quant on le semonra, et s'il ne les a, XX s. doit.

Quiconques confrères ne gira avec le maieur le premiere nuit que li ost iert mute, X s. doit.

Quiconques confrères trespassera le cariu [1] en terre de geure, ne esquievra, X s. doit à la carité :

Et quiconques confrères prendera les armes de le carité, s'il ne les rent le jour qu'il les prent, il doit XX s. à le carité, s'il ne les retient par le volenté du maieur et des esquevins.

Et s'aucuns confrères commenche merlée, puis que osts iert mute, XL s. doit à le carité, sauf le droit as seigneurs.

Et de quele heure que li maires et li esquevin commanderont les confrères à armer, qui ne s'armera X s. doit.

. . . .

Vaast, t. I, p. 176. — Le Gentil, *Op. cit.*, p. 23. — A. Terninck, *Arras*, p. 106. — E. Lecesne, notice *Arras* dans le *Dict. hist. du Pas-de-Calais*, t. I, p. 10, et *Hist. d'Arras*, t. I, p. 135.

[1] *Cariu*, plus bas *quariu*, dans le sens de *carroi*, charroi, est une forme bien douteuse; mais on ne peut lire autrement, car le copiste donne à ses *n* finales une forme onciale qui ne permet pas de les confondre avec l'*u*. — Cependant *carin*, chariot, doit être ici la vraie leçon. Les exemples du mot abondent, et l'un d'eux montre que, dans la tactique des milices d'alors, le *carin* marchait en tête.

Et qui les fourfais de ceste carité devera, s'il ne les paye quand li maires et li esquevin le semonront ne d'ost [ne] de quariu, x s. doit.

....

Tout li fourfait de ceste carité doivent aler à armes accater et as besongnes de le carité.

....

Tel était le règlement militaire de nos tondeurs de draps avant saint Louis, sinon même avant Philippe Auguste. Que les autres gueudes, tisserands, foulons, teinturiers, pour ne parler que de la draperie, aient eu à l'origine une organisation semblable, c'est ce qu'il semble difficile de contester : on ne s'explique celle-ci qu'en la généralisant.

Cette organisation primitive ne devait d'ailleurs durer qu'un temps; elle fut de bonne heure battue en brèche par celle de connétablies de quartier, mieux appropriée au guet et à la défense de la muraille. La participation des gueudes à la conduite des affaires publiques allait lui porter le dernier coup, en les obligeant à subordonner leurs instincts de révolte et leurs traditions séparatistes aux intérêts de l'unité communale.

V

Il n'y avait guère plus d'un siècle que le pouvoir politique était aux mains de l'aristocratie bourgeoise, lorsqu'elle se vit amenée à le partager avec la classe des artisans.

Cette révolution démocratique, préparée par tant d'années de luttes intestines et d'embarras administratifs et financiers, s'accomplit à l'amiable, sous l'empire de circonstances tragiques, au lendemain du désastre de Courtrai et de la mort du comte d'Artois.

L'échevinage en prit lui-même l'initiative : la mauvaise gestion des années antérieures avait tellement obéré la ville qu'elle possédait à peine six mille livres de recettes pour faire face à un budget de dix mille; il fallait aviser (1).

Le pacte nouveau, bientôt ratifié par le successeur de Robert II

(1) Ce renseignement nous est fourni par une charte de Robert II du 22 déc. 1300. Cette charte manque dans le volume *Documents* de l'*Inv. chron. des chartes de la Ville d'Arras*. Le petit cartulaire du XIVe siècle, qui nous en a conservé l'unique copie, avait disparu du dépôt communal, où il ne fut réintégré, sur nos diligences, que bien des années après cette publication.

et la comtesse Mahaut d'Artois, institue, parallèlement à l'échevinage ancien, un conseil communal de vingt-quatre prud'hommes, exclusivement chargé de l'administration financière.

De ces vingt-quatre conseillers, huit devront être choisis dans les métiers de la draperie par la Vintaine et ses suppôts, huit dans les autres corps de métiers par les mayeurs des gueudes et le commun, huit enfin par les seize qui précèdent, en dehors de l'échevinage et des gueudes.

Le nouveau conseil aura seul désormais la garde du grand sceau, signature sociale de la bourgeoisie solidaire [1].

On voit ce qu'il faut entendre par les Vingt-quatre, expression qui revient sans cesse dans nos documents communaux du xvie siècle.

Parlons maintenant de la Vintaine.

C'était un tribunal de police industrielle, chargé par délégation échevinale de faire exécuter les bans, édits et règlements sur les corps de métiers de la draperie et la fabrication des divers tissus de laine pure ou mélangée, et d'en appliquer les pénalités.

On ignore à quelle époque remonte cette institution.

Nous avons rencontré plus haut son nom latinisé en 1243; mais l'expression «*costuma que Vintena dicitur*» ne peut s'entendre que d'une taille, comme dans ce couplet satirique sur le même sujet :

Certes çou est grant estrelois
Et s'est cose grevaine;
XX mille livres de tournois
Cousta ceste vintaine [2].

[1] Charte d'Othon, comte d'Artois, et de la comtesse Mahaut, sa femme, du 21 janvier 1303, approuvant une délibération des maire et échevins d'Arras du 9 août 1302, qui institue un conseil de vingt-quatre prud'hommes pour contrôler la gestion des finances de la ville. (*Invent. chron. des chartes de la Ville d'Arras, docum.*, LII, p. 48.)

[2] A. Dinaux, *Trouv. artésiens*, p. 159, emprunte cette pièce satirique au ms. fr. de la Bibl. nat. 12615, fol. 197 v°, et l'attribue à Courtois d'Arras sur la foi du 4e vers :

De canter ne me puis tenir,
S'est drois que cançon face;
Or, m'en doinst Diex à cief venir,
K'as courtois mal ne face.

Il saute aux yeux que *courtois* ne peut être ici un nom propre, comme le croit Dinaux, et que son attribution repose sur une base tout à fait illusoire.

Tout autre est le sens du mot dans les vers suivants : ils sont d'un certain Simon, poète artésien du XIIIe siècle, inconnu, non signalé — car il serait invraisemblable d'en faire Simon d'Autie. L'auteur y dénonce les atours des femmes, comme ayant un caractère bien tranché d'industrie frauduleuse, qui exige une répression :

Je proverai, qui kel desdise,
Que c'est fausse markaandise :
Car on ne puet de fi savoir
La trekerie de l'avoir.
Saciés que c'est cose certaine;
Là s'aferoit une Vintaine
Assés mex k'en le draperie,
Pour veïr cele trekerie [1].

Un document original de 1261 constate que le siège de la Vintaine, la hale des Vingt hommes, *hala xx^{ti} hominum*, occupait déjà, à l'angle de la rue actuelle des Augustines sur la rue de Guinegatte, n° 50 [2], l'emplacement qu'il devait conserver jusqu'en 1502, époque où la halle fut vendue et la Vintaine transférée non loin de

[1] *Loc. cit.*, fol. 203 v°.

[2] *In Pomerio, in magno vico.* — Domus Radulphi Witegos, pro domo que fuit Ode Augrenon, ante halam xx^{ti} hominum, III s. VI cap. (*Cueilloir des rentes de l'église N.-D.* — B. N. Lat. 10972.)

A l'aspect de la maison, on reconnaît encore à première vue l'emplacement de la halle. Le nom de «rue de la Vintaine», puis de «rue de la Vieille-Vintaine», fut longtemps affecté à la section de l'ancienne Grande rue du Jardin, aujourd'hui des Augustines, comprise entre les rues actuelles du Coclipas et d'Enguinegatte ou Guinegatte, deux noms qui, par parenthèse, ont complètement dérouté nos étymologistes.

Les auteurs des *Rues d'Arras*, t. I, p. 259, constatent bien la forme primitive du mot : *Coppe li le pas*, mais ne l'ont pas compris. Le sens est : *barre lui le passage*, enseigne d'une maison de la rue, cabaret ou autre, parfaitement appropriée à sa destination. Il n'a donc rien de tragique, comme on l'a supposé.

L'inintelligible *Gueum gate* «porte du Marais», suggéré au même ouvrage, t. II, p. 86, est une pure rêverie étymologique. La rue d'Enguinegatte ou Guinegatte s'appelait, dès 1343, rue d'*Escorcecat*, c'est-à-dire «du Chat écorché», enseigne de cabaret, sans doute un chat peint en rouge.

A partir de 1540 environ, nos titres remplacent ce nom par son synonyme d'allure flamande, *Esquinnecat*, le chat «esquinné». — *Schinden* (*villen*) «Escorcher», dit L. Mellema, dans son *Diction.* ou *Promptuaire Flameng-Francoys*, Rotterdam, 1612. — Comp. all. *schinden*, angl. *to skin.*»

Il est à noter que, dès 1427, on trouve déjà, en Haizerue, un cabaret de répu-

là dans la maison des Lombards, à l'angle de la rue de Jérusalem[1].

Ce chiffre de vingt hommes fut abaissé à treize par Robert II, en 1300, dont cinq drapiers et huit bourgeois[2]. Philippe le Hardi, le trouvant encore excessif, le réduisit à sept en 1394[3]. L'adjonction de deux échevins l'avait ramené à neuf en 1416[4]. Il fut ensuite porté à dix, à douze, à treize, etc. On peut suivre ces variations année par année, jusqu'à la Révolution : elles ne sont pas sans rapport avec les fluctuations de notre industrie textile et du commerce.

Émanation de l'échevinage, qui l'instituait pour une durée égale à la sienne, la Vintaine lui prêtait serment à son entrée en fonctions; elle-même recevait ensuite le serment des commissions de contrôle ou «eswars», épinceurs de draps, ferreurs de saies, etc., et des autres officiers sous sa dépendance.

Elle avait son clerc d'office[5] et son sergent, et tenait ses plaids dans les formes ordinaires de la justice échevinale.

Elle connaissait des infractions aux règlements des industries de

tation équivoque à l'enseigne de l'*Esquignecat* (Arch. comm., *Reg. aux Embrev.*, fol. 109 v°).

Le parler artésien, qui de «courtine» a fait «gourdine», prononçait *Esguinegat*, *Esguinegate*, que les clercs reproduisirent dans les actes avec toutes sortes de variations orthographiques; si bien que le nom de la ruelle se confondit avec celui du champ de bataille.

[1] La maison des Lombards, où fut transféré le siège de la Vintaine, faisait l'angle de la rue de Neuve-Église, appelée au XVIe siècle rue de Jérusalem, des étuves de ce nom, contrairement à l'hypothèse des *Rues d'Arras*, t. II, p. 92. Elle avait pour enseigne *Les Plouviers* et tenait à celle du *Sauvage*. Les Lombards patentés pour tenir table de prêt sur gages à Arras, à l'exclusion de tous autres «toustains, juifs et caoursins», les possédaient l'une et l'autre en 1473 : de là le nom de rue du Lombard. Il ne vient donc pas du Mont-de-Piété actuel, comme le laisse supposer ce même ouvrage (t. II, p. 109), puisqu'il l'a précédé d'un siècle au moins. Possédée successivement par Regnault Grignard, Me Anth. du Grospré, Guillaume Le Vasseur, sieur du Val-Huon, cette maison devint, vers 1560, la propriété de Bauduin de Montmorency, sieur de Croisilles — aujourd'hui la chapelle des Chariottes.

[2] Voir p. 177 note 1.

[3] *Inv. chronol. des chartes de la Ville*, doc. CXXXVIII, p. 164.

[4] Arch. commun. *Reg. au Renouvt de la loy.*

[5] Nous avons relevé çà et là les noms d'un certain nombre de greffiers de la Vintaine : Bauduin de Maisières, vers 1378. Mahieu Wion cède viagèrement son office à Henri le Plommier pour XVI l. en 1414. — Jehan du Temple, 1445. —

la laine, de leur application à la maîtrise et à l'apprentissage[1], des malfaçons, des fraudes, de toutes contraventions en matière de

Jehan de Los (ou *Lohes, Loes*), déjà depuis longtemps en charge en 1486, meurt en 1497. — Jehan Sifflot, archer de corps de l'Archiduc lui succède......

Pierre Doresmieulx, mourut en 1568 et fut remplacé par Michel de Sailly, encore greffier en 1585. — Jean Couppé, 1606, 1609. — Charles de le Sauch, 1619, 1623. — Georges Crugeot, remplacé, vers 1630, par François Doresmieulx. — (Vérifier *Reg. aux Résol.*, t. I, 348 r°).

Les dernières copies de pièces annexées au *Livre rouge* portent les signatures de Beharel, A. de Beaussart, Macrel.

Le sergent Pierre Pezet «surintendant de la Vintaine pour les échevins», fut autorisé, en 1602, à porter une robe de livrée mi-partie vert et noir. (*Ibid.*, fol. 21 r°.)

[1] La rareté des contrats d'apprentissage donne de l'intérêt aux deux actes qui suivent, l'un sans date, du XIIIe siècle, pour le tissage, l'autre de 1437 pour la hautelisse.

1° «Sacent eschevin ki sont et ki avenir sont que Ouede Ferconne plège Mikelet sen fil en vers Mahiu Haimart sor se maison et sor li et sor tout le sien, sor tel partie que Mikelés i doit avoir, par en si que Maihius Haimars le doit aprendre à tistre IIIj ans et li doit livrer sen ostel, se mestier en a, sans peuture. Et s'il avenoit cosse dedens II ans que Mikelés en defausist, restorer le doit, et ce plège Ouede Ferconne, se mère, sor li et sor le sien. Et si se voloit rakater des II daerains ans, racater s'en puet de XXXIII s., et plègera toute abatue. Et s'il ne se racatoit des deus daerains ans, restorer le doit, et ce plège Ouede Ferconne, se mère, ausi sor li et sor tout le sien. Et si plège Ouede devant dite que se Maihius Haimars i avoit ne cous ne damages par Mikelet, sen fil, restorer li doit tous cous et tous damages sor li et sor tout le sien, se Mikelés ne le déservoit.» (Arch. comm., orig. bande de parchemin non scellée.)

2° «Comparut en sa personne Toussains Galiot, nostre bourgeois, et a dit et recongnut que moiennant la somme de six livres de XL gros monnoie de Flandre pour la livre, que il a confessé avoir eu et receu et qui paié lui a esté comptant de Miquiel Matte et des tuteurs et curateurs de Regnauldin Matte, son frère, filz menre d'ans de deffunct Willaume Matte, et ce pour le terme escheu au jour S. Jehan Baptiste, l'an mil IIIIc et XXXVII derrain passé, pour la table et gouverne dudit Regnauldin, comme pour le parapprendre le mestier de haulteliche, lequel mestier de haulteliche icellui recongnoissant doit, est et sera tenus de parapprendre audit Regnauldin et lui moustrer et enseigner selon l'usaige dudit mestier deux ans durant, à commenchier pour le premier an au VIe jour de may derrain passé, pour la somme, est assavoir pour le dit premier an, de XII livres, et le second an, pour la somme de X livres monnoie dite. Lequelle somme de six livres, moiennant et pour la cause dite, ledit recongnoissant s'est tenus et tient à contens et bien paiés et en a quittié et quitte, promet à tenir et faire tenir quitte lesdits Miquiel, tuteurs et curateurs et ses hoirs envers et contre tous, soubz et par l'obligation de tous ses biens et héritaiges. Fait par devant messgrs, le premier jour de juingnet l'an XXXVII. Pour seel, IJ s. mis au bucel.— J. de Paris. J. de Biauffort. (Arch. com., *Reg. aux Embr.* fol. 89 r°).

poids et mesures[1]. Sa compétence spéciale, quant à ce dernier chef, finit même par étendre sa juridiction en la matière à tous les métiers indépendants de la draperie, même aux meuniers[2].

Elle condamnait les délinquants à l'amende, sans préjudice de la saisie des matières frelatées et des produits manufacturés irréguliers ou frauduleux, qu'elle faisait brûler, détruire ou dénaturer.

Le recours en appel était d'ailleurs ouvert au condamné, qui pouvait toujours se pourvoir devant les échevins.

Les amendes se partageaient entre la Ville, la Vintaine et les dénonciateurs, dans des proportions variables.

De peines corporelles, nos règlements n'en édictent aucune, tandis que ceux de Valenciennes, par exemple, condamnent l'artisan, dans un cas donné, à avoir une phalange du doigt tranchée sur le cep[3].

VI

Un recueil de ces règlements fut entrepris vers la fin du XIVe siècle, par Thomas Bouchel, ancien garde du scel de la prévôté de Beauquesne, devenu procureur de la ville d'Arras en 1397, et clerc de l'échevinage l'année suivante. C'est ce manuscrit, augmenté par la suite de nouveaux cahiers, que la couleur de sa tranche a fait appeler *Le Livre rouge de la Vintaine.*

Il comprend, dans les soixante-cinq feuillets du registre primitif, cent pièces, tant statuts, bans et ordonnances, que jugements et notes diverses.

Une dizaine de ces pièces, dont plusieurs datées, appartiennent au XIIIe siècle, la plupart des autres sont du XIVe, quelques-unes du XVe siècle antérieures à 1425.

(1) Arch. commun., *Reg. mém.* VII fol. 30 v°; IX fol. 31 r°. *Résol.* I fol. 175 r°.

(2) Ibid., *Reg. mém.* XVI fol. 230 r°. — Ce qui surprend davantage, c'est de voir l'office de la Vintaine chargé d'empêcher «tous chirurgiens, barbiers et autres personnes faisant profession de raser et faire le poil, de tenir leurs boutiques ouvertes raser et faire le poil chez eux les dimanches et festes..... à peine de six livres d'amende applicable audit office.» (*Livre rouge,* addit., fol. 91 v°. Ordonn. du 28 fév. 1703.)

(3) *Bans de Valenciennes,* ordonn. de 1302, fol. 19 v° : «C'est des bateriaus... Et qui n'aroit pooir des lois paier, il ne arme pour lui, on li copperoit une jointe de se main sour le cep, sans déport.» — L'ordonnance de saint Louis condamne à perdre le poing quiconque met en vente des faux draps par lui fabriqués. — Ordonn. I, p. 223, ch. 146.

Les documents y sont enregistrés sans ordre, et non sans lacunes dans la transcription. Ils peuvent se grouper sous six chefs :

1° *L'office de la Vintaine.* — Sa composition; sa juridiction; son rôle politique;

2° *La laine et ses transformations.* — Laines brutes : lavage, triage, ébourrage, cardage. Filature; vente du filé. Teinture, de guède, de bouillon; burgage de noir;

3° *La draperie.* — Grands draps, pièces, biffes : ourdissage et dimensions. Tissage, tondage, étendage. Draperie nouvelle : épinçage. Vente des draps;

4° *La sayetterie.* — Saies d'Arras, saies d'Irlande, leur fabrication. Foulage des saies, ferreurs de saies. Tiretaines;

5° *La tapisserie.* — Fabrication des tapis nostrés. Marchelerie. Statuts des ouvriers et ouvrières de sarrasinois. Fabrication des hautelisses. Serment des hautelisseurs;

6° *Règlements divers.* — Statuts des chapeliers. Statuts des chaussetiers. Statuts des parmentiers.

Toutes les villes drapières environnantes ont conservé, comme Arras, leurs registres aux bans : Saint-Omer, Douai, Valenciennes, Cambrai, Lille, Aire, Béthune. Par rapport aux trois premières, la date de sa transcription place le nôtre au second rang. Mais il trouve peut-être quelque compensation à cette infériorité dans ses statuts de guilde armée et dans ses règlements sur les hautelisses, qu'on ne rencontre pas ailleurs dans la région [1].

[1] 1° Le registre aux bans de Saint-Omer, du XIII° siècle, a été publié *in extenso* par M. A. Giry, *Hist. de la ville de Saint-Omer*, 1877, dans la *Bibl. de l'école des hautes études*, fasc. XXXI;

2° Les bans de Douai forment une collection de précieux registres, aussi du XIII° siècle, analysés dans l'*Invent. analyt. des Arch. de la Ville*, série AA, 1876, p. 22 et suiv.;

3° Les bans de Valenciennes sont compris dans deux manuscrits, l'un de 1302, l'autre de 1346. Ce dernier provient de A. Dinaux qui les a décrits l'un et l'autre dans les *Arch. du Nord de la France*, nouv. série, t. I, p. 268;

4° Les bans de Cambrai sont signalés dans un article de M. A. Wilbert, *Mémoires de la Soc. d'émulation* de cette ville, t. XXX, 1re partie;

5° Outre son registre aux bans, du XIV° siècle, les archives communales de Lille possèdent un grand nombre de documents sur la draperie, la sayetterie, la bourgetterie, etc. Les plus récents y sont souvent accompagnés d'échantillons;

6° Le registre aux bans d'Aire est un manuscrit sur parchemin, de soixante-huit feuillets, gardes comprises, dont soixante-deux de la même main. Ce travail

C'est de Paris, qu'à la suite des expéditions de Philippe le Bel, cette industrie vint s'implanter à Arras. On sait quel en fut le brillant succès et quel éclat devait en rejaillir sur cette ville, dont le nom devint à l'étranger celui de ses merveilleuses tapisseries.

Est-il vrai que nos sayettes, les *saga Atrebatica*, aient pris au delà des frontières, comme les *arazzi*, le nom de leur provenance originaire? Il serait difficile d'en douter quand on voit les autorités les plus compétentes, et les moins suspectes de partialité, retrouver le nom d'Arras dans l'Italien *rassa*, *rascia*, l'allemand et l'anglais *rasch*, *rash*, le néerlandais *ras*, *rasz*, rentré en France sous ce même déguisement, *ras* et *rasse* — tous synonymes de «serge» ou sayette[1].

On en a dit autant des *panni de arest*, mais à tort[2]. L'*arest*, mot d'origine inexpliquée, était une soie, bourre ou filoselle[3]. On la

fut exécuté en août 1400, sur l'ordre du maire Jean de Liestes et des échevins, par Jean Bauberel, clerc de la ville. Les bans de la draperie commencent au folio 32;

7° Les deux registres aux bans de Béthune ont été décrits par M. Travers, dans l'*Invent. somm. des Archives* de cette ville, sous les cotes AA 3 et HH 7.

[1] L'origine de l'italien *arazzi*, *araziere*; *arazare*, tapisseries, tapissier, tapisser, n'est ni contestée, ni contestable. Il en est de même de l'anglais *Arras* employé couramment dans le même sens, dès 1397, sous des formes diverses.

Pour *rassa* et *rascia*, synonymes de *saja*, *sajetta*, serges, saie, sayette, on les a rattachés, comme *raso*, satin, au latin *rasus* dans le sens de étoffe rase, non velue. Cette dérivation est donnée par Muratori, *Antiq. ital.*, *diss.* XXX.

Mais le commerce des Pays-Bas, en regard du néerlandais *ras*, connaissait les formes étrangères *rasse*, *arasse*, *arassa*, d'où *rassa* par apocope. (Mellema, *Prompt. Flameng-francoys*, Rotterdam, 1612). Le bas latin avait de même *arracium*, *arracia*, relevés dans Du Cange. Enfin l'allemand offre les variantes *arras*, *arrisz*, *arresze*, *harras*, *harres*, *harris*, d'où, sous l'influence de l'accent français, *ras*, puis *rasch*.

La filiation de ces mots ne laisse aucun doute; ils dérivent d'*Arras*. C'était, il y a un siècle, l'opinion d'Adelung, *Gramm. krit. Wörterb.*, 1798; c'est aujourd'hui celle non moins décisive de W. et J. Grimm, *Deutsch. Wörterb.*, t. VIII, 1893.

[2] D. Carpentier dans le *Gloss.* de Du Cange, v° Arest.

[3] Ainsi que nous l'apprend un ban sur les mulequiniers du registre de Saint-Omer (A. Giry, *Hist. de Saint-Omer*, p. 565). C'est donc de sa matière première exotique que ce tissu, d'ailleurs indigène, tirait le nom d'*arest*. Fr. Michel, *Rech. sur les étoffes de soie*, t. I, p. 300, n° 7, le fait venir de Hârem, ville de Syrie, voisine d'Antioche. Pourquoi pas Arash, dans le Shirvan, sur les confins de la Géorgie, où se fait encore la plus abondante récolte et un commerce très considérable de soie grège? (E. Jurien de la Gravière, *Les marins du* XVI*e siècle*.) Hypo-

tissait sous ce nom à Saint-Omer au XIIIe siècle, et conséquemment à Arras : c'était une œuvre courante de mulequinerie, métier chez nous fort ancien, qui eut surtout pour spécialité la fabrication des tissus de lin déliés : toilettes, couvre-chefs, batistes[(1)]. Sous ce rapport cependant, et malgré la réputation du «menuet» d'Arras[(2)], nous devons, en honnêtes voisins, contents de ce qui nous appartient, reconnaître les hauteurs et prérogatives de *Baptiste* Cambray, cet inventeur lui-même inventé, auquel sa ville reconnaissante n'a pas craint d'élever une statue[(3)].

thèse pour hypothèse, la nôtre expliquerait mieux le *Arras silk* d'un texte anglais, cité par Fr. Michel, *Rech.*, II, 311, et la confusion qui a pu se produire; en tout cas, l'on ne peut rien affirmer.

(1) Nos molequiniers (meulequiniers, mulequiniers, musequiniers, murquiniers) viennent de loin, puisqu'ils procèdent des antiques *molochinarii*, qui tissaient les fibres de certaines plantes ligneuses de la famille des mauves (Μολόχη). Le premier que nous ayons rencontré est *Raynerus li molekinius* en compagnie de *Rodulfus textor*, en 1170, dans la Cité d'Arras. (*Cart. Guiman*, p. 325.) Deux autres sont mentionnés ailleurs en 1210, une «muelekinière» en 1266. A Cambrai, nous en relevons plusieurs en 1318, 1338. Douai fabriquait aussi la «toilette de meulequinerie» (Arch. du Nord, *Abb. des Prés*, 1465. *Invent. du chan. J. Couvoet*, 1466).

Notre molekin n'est pas oublié parmi les détails du costume local. Dans le poème burlesque cité plus haut :

Il vesti 1 ambas (*gambais*), ainc ne vistes se per
Il fou (*fu*) de molekins, cascun plos fu saué (*saingnié*)

Dans la satire des Auduins, ou du *Mari domestiqué* :

Quant ce vient à l'Assension,
Li Auduins, ki n'est mie hom,
Doit bien 1 molekin ploier
De se feme pour mius loier,
Et escourcier se souskanie
Tant k'ele soit par tout ounie.

[*Ms. cit.*, fol. 207.]

(2) «*Item* une pièche de nappes d'ouvraige de Venize larghes de ij alnes, IIII lbz. — Item une nappe de menuet d'Arras de viij alnes, XXVI s. — Item une aultre de menuet d'Arras, contenant VI alnes, XXX s.» (Arch. du Nord, Cambrai, *Testam.*)

(3) Baptiste Cambrai, né à Cantaing, l'inventeur supposé de la *batiste* en 1309, n'est pas plus une réalité historique que l'étymologique brasseur Cambrinus, que Martin et Martine qui martellent les heures au minuscule beffroi moderne de cette ville; ils ont même origine : l'incarnation mythologique d'un mot.

Les «*toilettes de Cambrai*» furent de tout temps renommées pour la blancheur et l'exceptionnelle ténuité de leur fil de lin. Il y en avait de deux espèces, la première, sorte de linon clair, extrêmement léger; la seconde, d'égale finesse, mais d'un tissu compact, très serré : c'est proprement la batiste.

Ce mot n'apparaît dans le *Livre aux bans* de Cambrai qu'en 1599 (1499?)

Arras ne fera pas le même honneur à Louis XI : c'est à l'expulsion en masse de ses ouvriers par ce monarque vindicatif qu'est due sa ruine industrielle, et que remonte de proche en proche, pour une large part, la fortune des grandes industries textiles du Nord.

La Laine à ma Tante.

Biau signeur, je ne sui ne sorciers ne devins,
Semoueres de cors[1], ne crieres de vins[2];
Ains sui li mervilleus, cil qui dist les mervelles[3] :
Por çou me mande on as festes et as velles.

Mém. de la soc. d'émulation, t. XXVII, 3ᵉ partie, p. 122; t. XXX, 1ʳᵉ partie, p. 311.) Godefroy, *Dict.* t. I, p. 598, col. 2, en cite un exemple de 1433, d'après La Fons. J'en ai rencontré d'autres en 1474 (Arch. du Nord, Cambrai, *Testam.*). Ce mot semble donc, sauf nouvelles constatations, ne pas remonter au delà du XVᵉ siècle.

Ces deux sortes de «toilette» cambrésienne sont inscrites au tarif de la maltote d'Arras du 19 octobre 1590 : «Item pour touttes toeilles de Hollande, 18 patars. — Item pour touttes toeilles de Chambray, tant *batiches* que *claires* etc.» (Arch. comm. *Reg. mém.* XV, fol. 312.

C'est sous la forme adjective, «toile, toilette *batiche*» — prononciation du pays pour *batisse* — que le mot se présente dans les textes de cette époque, vraisemblablement avec le sens de «battu», toile battue, compacte, fortement serrée par le battant du métier — à moins qu'on ne lui découvre quelque affinité de sens avec l'expression «ville *batisse* ou *batiche*, foire *batiche*», c'est-à-dire non privilégiée, ce qui me paraît bien douteux (Du Cange, BATICIUM, BASTICIUM. — Godefroy, BATEIS).

Nos toiles «atramées», c'est-à-dire à trame d'étoupe, s'appelaient de même «toiles *atramiches*», mal lu *acramiche* par La Fons dans Godefroy, pour qui le sens technique de *atramé* est resté incompris.

Batisse étant la prononciation populaire de *Baptiste*, on substitua, au XVIIᵉ siècle, la forme étymologique *batiste* à la vraie qu'on ne comprenait plus. De là, il n'y avait qu'un pas à faire pour supposer qu'un Baptiste quelconque avait dû jadis donner son nom au tissu, — nom qu'on ne rencontre nulle part ainsi, du moins dans cette région, qu'à une époque tout à fait moderne. N'importe; on le data de 1309, on en fit un paysan de Cantaing, tout en lui donnant le surnom de Cambrai : la légende était complète. Née d'hier, elle a déjà, en dehors de l'histoire locale, les honneurs du Littré, du Larousse, de la *Grande encyclopédie* — une statue! Ainsi s'expliquent tant d'origines fabuleuses des institutions et des familles.

---

[1] Qui annonce les décès et enterrements. — [2] Qui crie la vente et le prix des vins nouveaux. — [3] Mervelles et Velles, parler artésien.

Je di si grans mervelles, por gens esmervillier,
C'on doit bien une nuit por mi oïr villier.
Saciés que je fui nés là outre en Engleterre;
Ça outre sui passés por paor de la guerre [1].
S'ai une miue antain [2], qui ça m'a envoié
Por requerre une dete, mais on li a noié [3].
Bien a passé trois ans, viegne à le Mazelaine,
C'on li doit à Arras quatorze sas de laine.
Mais je ne sai preudome, vallet, ne baceler,
Por qu'il [4] voelle le dete ne noier ne céler,
Ne le face semonre dedans l'arceveskie [5].
On dist Jehans Durans en a une sakie;
S'en a bien autretant Martin Veaus [6] ses niés :
De le laine m'antain est devenus laniers [7].
On me fait à entendre de Jaquemon le Noir [8]
K'il a de cele laine raempli sen manoir.
Mahius Acarios [9] et sire Alars Foubers [10]
Et Hellins Audefrois [11], si est Tumas Raimbers [12],
Et Gossuins de Hées [13] et Robers ses serouges
De le laine m'antain ont raempli lor bouges [14].
Si est Jehans Davis [15] et Jehans Teneveaus [16]
Et Bernars Harduins [17], si est Tibaut Reveaus [18].
Nis Wautier Naimmeri [19] n'i ruis jou déporter,
S'il ne fait cele laine en maison raporter;
Ja por sen bastoncel [20] ne lairai ne li rueve.
As cipaues [21] qu'il fait me mostre bien et proeve
Qu'il a de cele laine assés plus d'un pezon :
J'en ai le contrepois deriere no lezon [22].
Noef livres et demie en a Wautiers Mulés [23];
S'en a bien autretant uns Vinçans Castelés,
Uns Jaquemins de Lille, Jaquemins de Paris :
De le laine m'antain cascuns en est noris.

[1] V. p. 22. — [2] Une tante à moi. — [3] Nié. — [4] Pour peu qu'il. — [5] Féminin comme *evesquie*. — [6] Inscrit vers mai 1256. — [7] Marchand de laines. — [8] Inscrit vers déc. 1261. — [9] Sa femme, inscrite en oct. 1257. — [10] Inscrit en mai 1244. — [11] Inscrit vers déc. 1257. — [12] Inscrit vers mars 1254. — [13] Inscrit vers nov. 1261. — [14] Ateliers. — [15] Inscrit vers mars 1268. — [16] Inscrit vers nov. 1248 — [17] Peut-être Aleaume Harduin, qualifié de «bernart»; inscrit vers déc. 1269. (V. Bibl. d'Arras, m[s] 316, p. 278.) — [18] Inscrit vers avril 1263. — [19] Inscrit vers janvier 1245. — [20] Allusion à la verge de sergent de Wautier Naimeri, qui, en cette qualité, portait la bannière du châtelain dans l'expédition burlesque contre le castel de Neuville. (V. p. 26, note 1.) — [21] Grimaces. — [22] Lit de repos, canapé. — [23] V. page 21 ci-dessus. Inscrit vers juillet 1274.

Il pert bien à leur cière, qui si est estahiue [1],
Un O entre deux eSSes a cascuns en aiue [2].
Or me covient là jus en l'Abie avaler [3];
A Henri Huquediu [4] me convenra parler.
Se Dex ne li aiue, il ert mors aparmain [5],
Il a le plus naiue [6] de le laine m'antain.
Bien en puet faire cape por çou qu'il est capés;
Mais encor n'est il mie de me rime escapés,
Se je n'ai cele cape qu'il m'a pièça pramise :
Je croi qu'ele est de bure, si est tole remise [7].
D'autre part ses voisins, Raous li Boutilliers [8],
De le laine m'antain a covers ses illiers [9].
Et un vallet i a, que ne vos os [10] nomer,
Qui envers cortoisie a mout le cuer amer;
Mais tant vos en dirai, ne sai que vos en mence [11] :
Par deus V et un I je croi ses noms commence;
Deux eLLes A et U eMme E eSse mes [12] —
De le laine m'antain a le daerain mès [13],
Par devers les cuisseus por çou que c'est li pire [14] :
Ne voel nului nomer por le vallet despire.
Se li maires d'Arras fust ne fols ne estous [15],
Saciés que ses parens j'es i mesisse tous [16];
Qu'il en i a de teus, qui sont de se lignie,
Ki tinrent à m'antain pièça grant compaignie
De le laine d'Escoce et de celi de Wales [17] :
Mesire Bauduins et mesire Sawales,
Cascuns d'eus en a bien, je quit, piere et demie [18],
Mais par lor grant orguel paier n'en voelent mie.
Or lor covient le terre et le païs widier [19],
Car à Sotinghehem [20] volrai à ex plaidier :

[1] A leur mine hébétée. — [2] *Sos*, un sot. — [3] Descendre la rue de l'Abbaye. — [4] Voir ci-dessus, p. 21. — [5] Prochainement. — [6] Naturelle, la plus belle. — [7] Voir ci-dessus, p. 21. — [8] Inscrit vers juin 1262. — [9] Ses flancs. — [10] Ose. — [11] Mente. — [12] Peut-être Willaumes li Boutilliers, inscrit vers avril 1251. — [13] Mets, part, portion. — [14] La laine des cuisses est la dernière qualité de la toison. — [15] N'était fou et stupide. — [16] Je les lui enverrais tous. — [17] Pays de Galles. — [18] La pierre de laine était de quinze livres à Arras en 1450. — [19] Vider, déguerpir. — [20] Le bourg de Sottegem ou Zottegem, chef-lieu de canton de la Flandre orientale, n'a peut-être été choisi comme siège de juridiction compétente dans ce procès qu'à raison de sa première syllabe. Il y a cependant lieu de se demander si ce n'est là qu'une pure allégorie, ou si, dans Sottegem, surnom d'origine ou de seigneurie, il n'y aurait pas une allusion personnelle qui nous échappe au pays de l'archidiacre, soit Bernard, soit Wautier de Gand.

Ne les voel pas traïr, bien lor di en devant.
Je croi l'archediaques, qui sire est d'Ostrevant[1],
A part en cele laine; à lui m'en vois clamer;
S'il cuke[2] de se corne, nus ne l'en doit blasmer,
K'ainc mais ne vi bernart[3] ne mouton si cornu;
Je croi de grant sience a il tout sen cors nu.
Signor, Sotinghehens est uns mout bons castiaus;
Là croist li fres fromages avoc les caus wastiaus[4],
Et li quartier de tarte, qui plain sont de conduevre[5].
Li carpentiers est fols, qui est desconfis d'uevre[6],
Qui ne va là manoir por carpenter maçues[7];
Il i a marqueans de soties naçues[8].
Signor, Sotinghehens est un mout bons repaires
Il n'i a nul signor, se ce n'est sains Achaires[9];
De lui tient on le terre et trestout le païs;
S'uns hom i devient sages, des autres est haïs.

[1] L'un des deux archidiaconés de l'évêché d'Arras. — [2] Choque. — [3] Cornart. Voir ci-dessus, p. 22. — [4] Gâteaux. — [5] Farce, garniture. — [6] Sans travail. — [7] Marottes. — [8] Sans doute au lieu de «naiues», pour la rime. — [9] St Achaires guérissait de la folie; ses reliques conservées à Haspres, prévôté de Saint-Vaast, étaient célèbres par les neuvaines qui s'y faisaient.

Les dates relevées dans les notes ci-dessus sont tirées du Registre de la Confrérie des Jongleurs et Bourgeois d'Arras (Ms. fr. 8541), *dont nous procurâmes l'acquisition à la Bibliothèque nationale en octobre 1859. Ce registre, imprimé depuis longtemps, avec table alphabétique des dix mille noms inscrits, paraîtra prochainement, précédé d'une étude historique sur la confrérie. Nous y renvoyons le lecteur pour la discussion des données chronologiques que ce document apporte à notre histoire littéraire et à la reconstitution des anciennes familles bourgeoises d'Arras.*

www.ingramcontent.com/pod-product-compliance
Ingram Content Group UK Ltd.
Pitfield, Milton Keynes, MK11 3LW, UK
UKHW020951220726
13924UKWH00002B/622

9 782019 939632